Consciousness
&
New Literary Theory

by Neuroscience & Quantum Physics

문학, 심리학, 철학, 종교학, IT, AI 분야의 필수 지식

뇌·신경과학과 양자역학으로 본-

의식과 새 문학

(4차 개정판)

Consciousness
&
New Literary Theory

by Neuroscience & Quantum Physics

저자 : 연규호 (소설가, 의사)
Kyu Ho Yun (Author, MD)

파란하늘

서론

인간은 의식적으로 생각하고 행동한다.

필자는 내과, 신경과 의사로 인간의 육체와 뇌 질환을 46년간 치료하다가 은퇴한 후, 뇌·신경과학을 더 공부하였다.

필자는 50세 되던 해부터 소설 창작을 하는 소설가로 30년 동안 많은 장편소설, 단편소설을 발표하였다.

필자는 소설 창작과 뇌·신경과학을 통해 인간의 의식과 생각 그리고 문학 이론을 심도 있게 연구하였다. 그 결과 인간의 의식과 생각, 언어는 뇌·신경과학 그리고 양자역학과 서로 깊은 관계가 있음을 알게 되어 논서로 정리해 발표하려고 한다.

필자는 크게 3가지 단계를 통해 설명하려고 한다.

첫 단계: 고전적이며 전통적인 의식과 생각에 대한 지식
　　　　- 플라톤, 칸트와 같은 철학자, 과학자들의 이론
둘째 단계: 뇌·신경과학을 통해서 본 의식과 생각에 대한 지식
　　　　- 에델만, 칸델과 같은 뇌신경-심리-정신학자들의 이론
셋째 단계: 양자역학(Quantum Physics)에 의한 의식과 생각에 대한 지식, 퀀텀 학자들의 의식과 생각에 대한 이론

〈강조하고 싶은 내용〉

인간은 세 가지 생각과 사고를 섞어 가면서 사용하고 있다.

A: 일반적이며 일상적인 생각과 언어(50-75%)
B: 이성적(과학적, 객관적, 보편적, 추상적, 과학자) 생각과 언어(25%)
C: 감성적(시인적, 비과학적, 주관적) 생각과 언어(25%)를 섞어서 사용, 소통한다.

A와 B는 변함없는, 눈에 보이는 거시적, 물질적 사고이다. C는 보이지 않고 미시적이며 허공에 뜬 상상이기에 문학, 종교가 여기에 속한다고 알려져 왔다.

그러나 뇌·신경과학과 양자역학의 발달로 과학자들은 보이는 세계(입자의 세계)와 보이지 않는 세계(파장, 파동의 세계)가 결국은 하나의 세계라고 설명하고 있다.

감성의 세계, 상상의 세계, 미시적인 파장의 세계를 통해 인간은 상상을 하였으며 그 결과 문학, 종교를 알게 되었다. 이성적(과학적) 세계를 과학으로 증명하듯이 상상의 세계도 신경학과 양자학으로 증명이 되며 상상도 현실적으로 증명이 된다.

뇌 속의 뉴런과 시냅스 속에서 거시적 물리학과 미시적 물리학, 화학이 작용하여 마음, 정신을 만들고 있음을 알게 되었으며 보이지 않는 정신세계의 문학도 금세기에 와서는 양자역학(뇌·신경과학)으로 서로 공감(뇌·신경과학 - 원소와 원소의 결합)하고 있음을 알게 되었으니 이 어찌 흥분되지 않을까….

필자는 뇌·신경과학과 소설가의 눈으로 연구하였으며, 한국의 석학, 시인 홍문표 교수를 멘토로 그리고 그의 탁월한 문학 강의를 뇌신경과 양자역학으로 공부하였음을 밝힌다. 문학 이론은 전적으로 홍문표 교수의 강의에서 터득하였으며, 뇌과학은 이청 교수, 그리고 김종회, 유성호 교수님의 격려에 의해 필자는 필자의 이론으로 발전시켰음을 밝히며 교수님들에게 감사한다.

UCI 신경병리 교수로 필자를 아껴주셨던 고 최병호 박사님의 동기부여에 무한 감사를 드린다. *University of California at Irvine, Medical School

본 논서에서는 같은 내용을 반복해서 다른 각도로 설명하고 있으니 자연스레 이해가 되리라 믿는다.

이 논서를 통해 문학을 아주 쉽고 명확하게 해석하게 된 것은 문학 세계에 필자도 아주 작은 기여를 했다고 생각하며 긍지를 갖는다.

* 초판에서 4판 개정까지
- 초판: 당신의 뇌와 마음 -2018년 7월 11일 〈문학나무〉에서 출간
- 개정(2차 출간): 생각하는 뇌, 고민하는 마음, 문학의 창조
    2019년 12월 12일, 〈도서출판 규장〉에서 출간
- 개정(3차 출간): 뇌·신경과학으로 본 마음과 문학의 세계
    2023년 4월 27일, 〈도서출판 도훈〉에서 출간
- 개정(4차출간): 마음과 문학의 세계 -개정, 의식과 새 문학으로
    2025년 6월, 〈파란하늘〉에서 출간 한다.

소설가, 의사 연 규 호
(Kyu-Ho Yun, MD FACP, Author)

추천의 글

뇌 과학과 문학을 융합한 새로운 이정표
– 연규호, 『뇌·신경과학 –마음과 문학의 세계』에 부쳐

김 종 회 (문학평론가)

뇌 과학은 뇌의 신비를 추적함으로써 인간의 물리적·정신적 기능을 탐구하는 학문이다. 우리가 늘 곁에 두고 사용하는 인터넷 검색엔진이나 SNS에도 인간의 뇌가 어떻게 정보를 처리하는가에 대한 '인지과학'이란 분야가 접목되어 있다. 그런가 하면 백화점이나 마트에서 판매하는 상품을 배치하는 데도 뇌 과학이 활용되고 있다. 소비자의 시선이 어디로 옮겨가는지 등 무의식적인 뇌의 활동을 연구하여 판매에 접목한 것으로 이를 '뉴로마케팅'이라 한다. 한편 뇌 과학은 질병을 극복하고자 하는 인류의 희망과도 관련이 있다. 궁극적으로 뇌 과학은 뇌의 복합적 기능과 구조에 대한 해석을 통해 인간이 가진 가능성과 그 한계에 대해 답을 구하는 분야다.

이와 같은 뇌 과학의 분야는 현대 사회의 일반적인 생활인들에게, 인식은 하고 있으나 거리는 먼 의학계의 전문 분야 정도로 인식되어 온 것이 사실이다. 그런데 여러 방식으로 진화한 매체의 기능과 설명방식 다변화에 힘입어, 근자에 그에 관한 관심과 이해가 괄목할만한 수준으로 증진되었다. 거기에는 이 분야 연구자들의 지속적인 노력이 기여한 바 컸다. 그 연구자 중의 한 분이 곧 내과 전문의이자 소설가

인 연규호 선생이다. 선생은 신경과·정신과의 임상 경험에 소설가로서 오랫동안 갈무리해 온 창작 경험을 결부하여 하나의 융합연구로서 '뇌 과학과 문학'에 관한 결정판을 저술했다. 인간의 뇌와 마음을 누구나 쉽게 이해하도록 새롭게 정리·분류하겠다는 값진 의욕의 소산이다.

이 책의 서두에 저자는 하나의 에피그램처럼 스코틀랜드 출신의 철학자, 철학을 인간 본성에 대한 귀납적 실험과학으로 보았던 데이비드 흄의 레토릭 "나는 기억한다. 고로 존재한다."를 제시했다. 이때 흄의 '기억'은 그로부터 한 세기 전에 세상에 왔던 데카르트의 '생각'에서 핵심어를 바꾼 것이다. 데카르트의 생각이 창의력에 바탕을 둔 것이라면, 흄의 기억은 이를 현저히 과학의 영역으로 이끌어 갔다. 의사이자 소설가로서 이들의 정신적 적자(嫡子)라 할 수 있는 저자는, 그 양자의 세계를 함께 융합할 수 있는 특별한 지위와 위상을 가진 셈이다. 저자는 의학의 선배 제랄드 에델만의 저서 『신경과학과 마음의 세계』에서 크게 영향을 받았으며, 여기에 자신의 의학 및 문학 경험과 연구를 보강하여 이 책을 상재하게 되었다. 이 책은 2018년 문학나무

출간 『당신의 뇌와 마음』의 두 번째 증보판이기도 하다.

  이 저서가 신경과학 및 심리학에 도움이 되며 문학창작에도 일정한 새 길을 열어주리라는 저자의 생각에 동의한다. 특히 이 분야의 문학, 이와 같은 전문적 식견을 반영한 소설은 한국문학은 물론이거니와 세계의 문학에서도 새로운 지경(地境)을 개척해가는 길잡이가 될 수 있을 것이다. 이 저서는 모두 9개의 Chapter로 구성되어 있다. 그 가운데 'Chapter 7. 2차의식과 문학'이 문학과의 직접적인 관련성이 높다. 저자는 여기서 마음과 문학의 관계, 상상력의 문제, 문학의 원천 그리고 정신질환과 문학 등의 주제를 깊이 있게 다룬다. 그러므로 이 저서는 문학창작을 하는 작가와 문학을 보다 깊이 있게 읽기를 원하는 독자에게 공히 뜻깊은 지침서가 될 것으로 본다.

발문

뇌 과학과 문학을 연결한 융합적 인간 이해의 장(場)

유 성 호
(문학평론가, 한양대학교 인문대학 학장)

1. 의사이자 소설가로 살아온 미주 한인사회의 거인(巨人)

내과 전문의이자 소설가인 연규호(延圭昊) 선생의 『뇌·신경과학 – 마음과 문학의 세계』는 그 자체로 거대한 인간 이해의 교향악이다. 의학과 심리학 범주에만 존재하던 뇌와 마음을, 문학과 접속하여 일종의 관계론으로 풀어본 거대한 저작이다. 선생은 연세대 의과대학을 졸업하고 공군 군의관으로 제대한 후 미국으로 유학하여 이민자가 되었고 오랫동안 미국 각지에서 의사 생활을 했다. 선생은 미국에서 2017년 은퇴하고 나서 우연찮게 찾아온 암을 극복한 후 수많은 선교와 봉사 활동을 수행한 미주 한인사회의 거인(巨人)이다. 이렇게 평생 의사의 길을 걸었지만 선생은 중고교 시절 문학을 좋아하여 당시 유명했던 『학원』 등에 작품을 투고하기도 했다. 물론 의대에 진학하여 미국에 터 잡을 때까지 문학은 그의 삶에서 주변부를 맴돌 수밖에 없었지만, 그는 지천명(知天命)을 넘기면서 다시 문학에 눈을 뜨게 된다. 1995년 연세대 동문 재상봉 행사 때 "잊었던 문학을 다시 시작하자!"라는 결심을 하게 된 것이다.

이때부터 선생은 소설을 조금씩 습작하기 시작했고, 이후 많은 소설집과 장편소설을 출간했다. 국내에서도 많은 비평적 평가가 호의적으로 이어졌다. 특별히 선생의 문학적 열망은 뇌 과학(Neuroscience)과 문학을 연결하는 학문에 스스로를 몰두하게끔 하였다. 전공인 신경학을 문학과 심리학에 응용해본 것이다. 그 안에는 인간의 뇌와 마음 그리고 문학이 연결되면서, 아리스토텔레스로부터 엘리엇에 이르는 이론의 역사가 장강대하처럼 흐르고 있다. 그리고 '감정'이나 '정서'가 핵심적인 키워드로 부상한다. 신경과, 정신과 그리고 소설 문학을 융합 연구하면서 인간의 뇌와 마음을 새롭게 정리한 이 웅대한 결실은, '눈에 보이는 뇌'와 '보이지 않는 뇌'를 동시에 설명함으로써 미개척 분야에 대한 소상하고 친절한 설명을 통해 우리에게 인지적 충격과 감동을 선사하고 있는 것이다.

2. '뇌 과학'과 '문학'의 호혜적 연결 가능성

책의 흐름을 따라가 보자. 먼저 인간의 뇌는 눈에 보이는 육체의 일부이며 동시에 정신활동의 중심에 있다. 그러니 뇌에서는 흔히 대립적으로 보이는 육체와 정신이 통합적으로 작용하게 된다. 육체와 연관되는 과학과 의학, 정신과 연결되는 인문학과 심리학이 모두 뇌를 설명하는 데 동원되는 것은 바로 이 때문이다. 이러한 융합적 접근을 통해 연규호 선생은 뇌의 기능을 다각도로 분석한다.
선생에 따르면 기억은 형성 과정에 따라 의식기억과 무의식기억으로 나뉜다. 여기서 '의식기억'이란 대뇌피질에서 만들어지는 이성의 주체 작용을 일컫는다. 반면 대뇌하부의 뇌에서는 본능과 감성을 기저로 하는 '무의식기억'이 형성된다. 흔히 대뇌는 대뇌피질과 변연계로 나뉘어 있는데 변연계에서는 의식기억과 무의식기억이 만나 '정서'를 생성하는 것이다. 그런가 하면 '감성'이란 느낌과 의욕이 결합된 것을 말하는데, 원래 '감성'은 수없이 반복되어 뇌가 작동하는 영역에서 '정서'로 몸을 바꾼다. 이는 양심, 인격 등으로 점점 그 의미를 확장해 간다. 이 부분이 문학과 깊이 연결되는 것인데, 이 부분이 밖으로 나와 작동할 때 우리는 그것을 '감정이입'이라고 부른다.

그런가 하면 의식은 대뇌피질에서 형성된다. 이때 '감성'이 함께 작동한다. 기억에서 말로 나오는 과정을 '마음'이라고 부르는데, 그것을 특별히 문자 활동으로 전이시킬 때 우리는 그 결과를 '문학'이라고 한다. 문학에서 많이 사용하는 '의식'이란 신경학적으로는 깨어 있는 상태를 말하며 심리학적으로는 기억이라는 내용물을 지칭하는 것이다. 이러한 경개(景槪)가 바로 연규호 선생이 연구해낸 '뇌 과학'과 '문학'의 호혜적 연결 가능성이다. 우리는 이 책을 통해 과학과 문학이 서로 대척점에 있는 것이 아니라, 수평적으로 서로를 각인하는 원질(原質)이 될 수 있음을 깨닫게 된다.

3. 가장 과학적인 이해가 곧 가장 문학적인 이해

이 책은 모두 네 파트로 구성되어 있다. 첫 장은 '인간의 뇌와 마음(Human Brain & Mind)'이고, 둘째 장은 '뇌와 마음의 새 분류법'이다. 3장은 '기억, 의식, 개념, 상상, 말, 생각'이고, '신경병과 정신병'이 마지막 장을 차지하고 있다.

저자에 의하면 인간은 '육체(Body, Flesh)', '정신(Mentality)', '영(Spirit)'으로 구성되어 있다. 특별히 육체 가운데 뇌(Brain)는 최고기관으로 모든 육체를 조절하는 기능을 떠맡는다. 정신은 인간의 뇌에 들어 있고, 뇌는 보이지 않는 정신 기능을 한다. 그러나 영은 육체나 마음(Mind)과는 분명히 다른 범주이다. 육체에서 뇌를 분리해보면, 보이는 뇌는 이중 구조와 이중 기능(Dual composition & Function)을 가지고 있는 특수한 기관임을 알게 된다. 즉 뇌는 육체의 구조와 기능을 가지고 있으며 동시에 보이지 않는 마음의 구조와 기능까지 가지고 있다. 결국 뇌의 기능과 마음의 기능은 동일한 뇌 구조에서 파생하는 같은 기능인 셈이다. 결국 저자는 인간이 육체(뇌+마음)와 영으로 구성되었으며, 눈으로 보이는 육체뿐만 아니라 보이지 않는다고 생각해온 마음도 우리가 볼 수 있다고 강조한다. 그것을 가능하게 한 것이 바로 신경심리학(Psychoneurology)이라는 분야이다. 말하자면 뇌 과학과 마음 그리고 문학을 접목하여 인간의 신비롭고 위대한 속성에 대한 탐구 가능성을 열어 보인 것이다.

연규호 선생은 르네 데카르트가 말한 "나는 생각한다. 고로 존재한다."라는 정언보다는 데이비드 흄이 말한 "나는 기억한다. 고로 존재한다."라는 명제를 지지하고 완성해간다. 아닌 게 아니라 인간의 뇌는 기억을 만들고 그것을 지각화하여 개념을 만들기 때문이다. 그리고 그 개념은 1차 의식을 만들어낸다. 물론 1차 의식은 인간과 동물 모두에게 있는 기능이다. 하지만 인간은 창의적 상상을 통해 언어를 가지고 2차 의식으로서의 생각을 만들어낸다. 그 생각이 곧 문학으로 번져

가는 것이다. 그러나 대뇌하부에 있는 감성은 대뇌에서 인지와 만나 정서(Affection)를 만들어낸다. 이때 정서화된 상상, 창의가 언어(말, 글)로 표현될 때 생각이 되는 것이다. 인지가 강하면 서사적이고 이성적인 속성을 띠기 쉽고, 감성이 강하면 서정적, 인지적이 될 개연성이 크다.

저자는 엘리엇이 말한 감정(Empathy)이 역시 뇌의 정서적 기능에서 나온다고 본다. 한 걸음 더 나아가 Sympathy(동정), Compassion(연민), Apathy(무감각) 등도 구분해내는 기준을 이러한 구도에서 찾음으로써 명쾌한 설명을 수반하게 된다. 뇌 과학과 연계하여 이러한 개념 층위를 이해할 경우 우리는 가장 과학적인 이해가 곧 가장 문학적인 이해가 됨을 발견하게 되는 것이다.

4. 한없는 경이(驚異)와 경의(敬意)를

이 논의의 근간은, 저자도 밝힌 바 있듯이, 노벨생리의학상을 수상한 제럴드 에델만(Gerald M. Edelman) 교수의 '기억-개념-의식-생각'이라는 이론을 문학에 적용해본 것이기도 하다. 창의적 상상을 통해 사물들을 다르게 봄으로써 문학창작이 가능한 메커니즘이라든지, 이성과 감성이 추구하는 공감을 이루어가는 과정이라든지 하는 것이 이 책이 거둔 득의의 결실인 셈이다. 뇌 과학(자연과학)과 심리학 그리고 문학을 융합하여 커다란 밑그림을 그린 빛나는 성과에 독자들의 깊은 공감이 이어지길 소망해본다.

연규호 선생은 근자에 장편소설 『투탕카멘의 녹슨 단검』을 상재한 바 있다. 이 웅대한 프로젝트에서 선생은 역사와 허구, 고대와 현대, 고증과 상상의 균형적 결속을 통해 문학 범주를 확장하는 면모를 보여주었다. 소설가로서 이루어낸 이러한 융합적 성과 못지않게 이번에 내는 책 역시 의학과 문학을 결합하여 친절하고 선명한 인간 이해의 축도(縮圖)를 선사하고 있다. 만년에 누구보다도 열정적으로 세상의 이치를 탐구하면서, 뇌 과학과 문학을 연결하고 융합한 획기적 인간 이해의 장(場)을 열어준 노(老)작가의 눈부신 성과에, 한 사람의 인문학자로서 한없는 경이(驚異)와 경의(敬意)를 함께 드린다.

차례

Chapter 1. 의식과 문학세계를 이해하기 위한 필수 지식
A. 인간의 뇌(Human Brain)에 대해서 _ 20
B. 인간의 눈에 보이지 않는 뇌 _ 31
C. 마음과 생각의 단위 _ 33
D. 의식(Consciousness)과 종류 _ 34
E. 1차 의식과 2차(고차) 의식에는 양자역학도 적용된다. _ 34
F. 철학, 과학, 문학의 언어(시, 소설)는 어떻게 다른가? _ 34

Chapter 2. 의식과 인간의 3가지 다른 생각(사고) -언어
A. 의식과 3가지 생각 _ 39
B. 20~21세기 뇌·신경과학과 양자역학물리학에 의한 의식에 대해서 _ 49
C. 디지털 시대와 인공지능에 의한 의식과 문학의 세대 _ 49
D. 양자역학과 의식 _ 54

Chapter 3. 알기 쉬운, 그리고 반드시 이해해야 하는 기본적인 뇌. 해부학
A. 뇌의 〈구조〉와 〈기능〉을 구별하고 연관하여 이해하자. _ 58

Chapter 4. 에델만의 2가지 의식과 3가지 다른 생각-말
A. 에델만의 의식(플라톤 - 칸트 이후)을 쉽게 이해하기 위한 준비 동작 _ 68
B. 풀라톤-칸트-에델만으로 이어지는 사고에 대한 정리 _ 76
C. 결국 인간은 3가지(A·B·C) 언어(생각)를 하나의 뇌에서 동시에 필요에 따라서 선택해 혼합하여 사용하게 된다. _ 78

Chapter 5. 에델만의 1, 2차 의식과 3가지 언어 (본론)
A. 의식과 의식의 분류(에델만) - 본문 _ 84

Chapter 6. 새 문학 이론 (총론)

    A. 1차 의식과 2차 의식 문학 _ 108

Chapter 7. 2차의식과 문학 (본론, 그 이론과 실예)

    A. 문학의 과정 (사물–개념에서 상상까지) _ 140

    B. 각론 - 시문학 _ 154

    C. 각론 – 소설문학 _ 171

    D. 수필문학 vs 에세이 _ 178

    E. 평론 _ 179

Chapter 8. 의식의 흐름과 문학

    A. 의식의 흐름(Stream of Consciousness)과 유사한 말들 _ 182

    B. 프로이트(Freud)의 무의식, 잠재의식 _ 184

    C. Flight of Idea _ 185

Chapter 9. 뇌·신경과학, 양자역학(QUNTOM)과 새로운 시문학 이론

    A. 뇌·신경과학과 문학 _ 188

    B. 한글과 훈민정음 – 국문학 _ 189

    C. 양자역학과 문학 _ 189

Addendum(부록) _ 198

저자 소개 _ 202

Chapter 1

의식과 문학세계를 이해하기 위한 필수 지식

Chapter 1

의식과 문학세계를 이해하기 위한 필수 지식

A. 인간의 뇌(Human Brain)에 대해서

1. 인간의 뇌는 소우주이다. (우주와 비교해 보기)
(1) 우주의 기원은 (가) 창조설과 (나) 빅뱅설로 나눈다.
창조설: 태초에 말씀(Logos)이 있었다. 말씀은 언어이며 "언어는 2차 의식이며 2차 의식은 학문과 문학"이 된다. (거시적 고전역학 - Creation)
빅뱅설: 145억 년 전에 터진 Big Bang은 수많은 원자를 우주에 뿌렸으며, 원자는 양자역학이다. 빛과 원자는 정보와 에너지를 만들며, 빛은 파동, 파장이기에 곧 언어가 되며 문학이 된다. (미시적 양자역학 - Big Bang)

우주는 하나가 아니고 여러 개이므로 "Multiverse"라고 부른다. 우리가 살고 있는 지구는 태양계에 속하는 하나의 별이다. 1,000억 개의 태양계가 모여 은하계(Galaxy)가 되며, 1,000억 개(현재는 1조 개)의 은하계가 모여 우주가 된다고 하니, 빅뱅으로 태어난 우주는 엄청난 공간과 시간을 소유하고 있다. 우주여행은 빛의 속도로 "억 광년"을 필요로 한다.

- 거시적 세계: Macroscopic view = 눈으로 보는 세계
- 미시적 세계: Microscopic view = 현미경으로 보는 세계
- 공간과 시간: 위대한 과학자 아인슈타인과 철학자 칸트의 생각은 달랐다. 우주의 공간은 무한하다. 태양에서 지구까지의 거리는 빛의 속도로 8분 거리이나, 태양에서 가장 가까이 있는 다른 태양에 가는 거리는 4만 광년이라고 한다. 우주의 시작에서 우주의 끝으로 가는 시간은 억 광년이라고 한다. 오늘 밤 내게 보이는 저 북극성은 몇만 광년 전의 모습이라고 하니, 과거와 현재가 어울려 있는 곳이 우주이다. 시간의 시작이 있는가? 칸트와 아인슈타인의 생각은 달랐으나, 시간의 시작이 있었으며 끝도 있을 거라고 했다. 성경에서 말하는 시간과 과학자들이 말하는 시간과 공간은 다른가? 같은가?
- 우주: 창조된 우주, 아니면 빅뱅의 우주는 같은 것이다. 창조론적이냐 진화론적이냐의 차이일 뿐… 여하튼 우주는 물질과 빛으로 되어 있다고 한다. 물질(사물, 자연)은 눈으로 보이고 만져지는 물질이 있는가 하면, 만져지지 않고 보이지 않는 물질(정신)도 있는데, 둘 다 존재하는 것이다.

물질은 불안정한 원소들이 모여 분자가 되고 세포가 되어 물질이 된다. 불안정한 원소의 전자는 8개의 전자축을 만들기 위해 부단히 움직이면서 에너지를 만들어 낸다. $NaCl$은 소금이며, 분자는 안정된 상태이다. 그러나 Na^+, Cl^-로 갈라지면 불안정하게 된다. OH^-가 K^+를 만나면 $NaOH$, KCl로 변하여 다시 안정 상태가 된다. 전자는 불안정하며 "외롭기에" 양자를 찾아 안전하기를 바란다.

이와 같은 Logos의 법칙과 진화의 법칙, 그리고 양자학적 법칙은 태고로부터 지금까지, 그리고 시간의 끝까지 지속될 것이라고 한다.

물질과 더불어 암흑이었던 우주에 빛이 등장했다.

"빛은 무엇인가? 이원론적이다.
  1. 빛은 파동이요, 파장이다.
  2. 입자이며 선이다."

입자이기에 물질을 만드는 단위가 되며, 인간은 감각신경 세포인 눈으로 보고(청각, 미각, 촉각, 후각), 색깔에 따라 각기 다른 물질을 구분한다.

파동과 파장은 좌충우돌한다. 소리를 낸다. 소리는 말을 만든다. 그러기에 인간은 보고, 듣고, 냄새를 맡고 한다. 전자파에서 나오는 에너지는 이동을 시킨다. 입자는 정보를 가지고 있다. 그러기에 마음(Mind)이란 "정보와 에너지를 조절하는 장치"라고 정의한다.

도표 1) 우주의 별들
-거시 세계(Macroscopic universe)-보이는 세계

- 우주와 인간: 이렇게 보면 인간은 아주 미세한 미시적 존재일 뿐이나, 인간이 우주의 주인인 것은 왜 그런가? 인간은 시간과 공간으로부터 자유로움을 받아 우주를 다스리고 영위하다가 우주로 돌아간다. 신이 부른 것이다. 원자의 결합이 깨져 불안정한 원자, 전자로 돌아가 우주에서 떠다니다가 다시 다른 원자, 전자를 만나 새로운 물질이 된다는 말도 된다.

(2) 소우주 = 인간의 뇌(Human Brain)는 소우주이다. 인간의 뇌는 광활한 우주와 비슷하다고 한다. 어찌 보면 인간의 뇌는 우주를 축소해 두개골 속에 모셔둔 것과 같다.

- 인간은 의식을 하여 생명을 보존한다. 의식(Consciousness)이란 '기억하고 생각하고 계획하고 활동하는 뇌의 능력'을 의식이라고 한다. 의식을 이해하면 인간을 이해하게 되며, 철학, 과학, 문학을 이해하게 된다. 이와 같이 의식을 구사하는 뇌는 어떤 구조로 되어 있나? 의식을 하는 단위인 '의식 기억과 무의식 기억'이 잘 조절되어 의식을 만들게 된다. 의식을 만드는 기억은 뇌신경 뉴런의 시냅스에서 만들어지고 운영된다. 이 시냅스 속에서 원자, 전자로 된 에너지, 정보가 단백질을 만들어 내는 것이 의식 기억이며, 기억을 운영하여 생존하고 번식하고, 심지어 "문학"을 창조한다.

인간의 뇌는 소우주이다. 뇌는 2원론으로, 보이는 뇌(육체적 – 거시적 – Flesh Brain)와 보이지 않는 뇌(정신적 – 미시적 – Mind)로 되어 있어 마치 우주와 같다.

(가) 거시적 뇌(눈으로 보이는 뇌 – Macroscopic): 육체적인 뇌(Gross Anatomy – 해부학)라고 부른다.

- 도표 2를 보면 뇌는 둥근 축구공 같으며, 좌우의 뇌로 나눈다. 좌

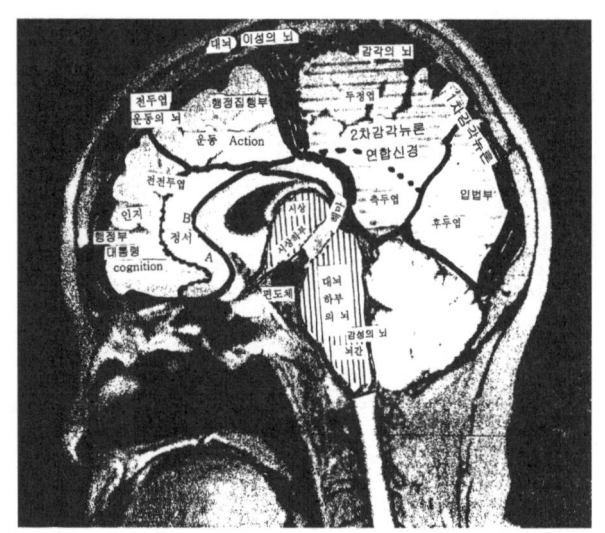

도표 2) 〈인간의 뇌, 구성과 기능〉. 운동의 뇌 = 전두엽(전전두엽과 운동의 뇌)
전전두엽 = 인지 + 정서A + 정서B, 감각신경의 뇌 = (두정 + 측두 + 후두엽)

측이 우성으로 말을 하는 뇌이다. 좌뇌는 대뇌와 대뇌하부로 나눈다. 대뇌는 앞부분을 전두엽이라 하며, 이는 운동신경의 뇌가 된다. 뒷부분은 감각의 뇌로 (측두, 후두, 두정엽) 3부분이 있다. 대뇌하부의 뇌는 간뇌(시상, 시상하부)와 뇌간(중뇌, 교뇌, 연수)으로 나누며 감성, 정서, 욕망, 욕구, 느낌이 발원한다.

도표 1) 거시적 시계 - 눈으로 보이는 뇌 속은 여러 덩어리로 나누어져 있으며, 각각의 덩어리는 그 독특한 기능을 하고 있다.

대뇌 = 이성의 뇌 = 의식 기억의 뇌: 전체 뇌의 85%가 된다. 대뇌하부의 뇌 = 감성의 뇌 = 무의식 기억의 뇌: 전체 뇌의 7%가 된다.

(나) 미시적 세계의 뇌(Microscopic) - 눈으로 보이지 않는 뇌(현미

경적 뇌) 〈신경세포와 시냅스〉가 있다. 정신적, 마음적 뇌로 불렸다. 의식을 만드는 대뇌에는 800억 개의 뉴런(Neuron - 뇌신경세포)이 들어 있다. 한편, 한 개의 뉴런은 수상돌기와 축색돌기라는 신경섬유가 있는데, 돌기의 끝부분에 가시(Spine)라는 작은 연결 고리가 약 10,000개가 달려 있으며, 이들 가시(Spine)는 다른 뉴런의 가시와 손을 잡고 연결되는데 이를 시냅스(Synapse)라고 부른다. 결국 인간의 의식을 만드는 대뇌에는 800억 × 10,000개의 시냅스가 있다. 이렇게 엄청난 시냅스 속에 기억(Memory)이 단백질 상태로 들어 있는데, 이들 기억은 뇌 기능의 기본 단위가 된다. 시냅스에서 신경전달물질, 전기작용이 일어난다. 기억은 개념(Idea), 생각(Thought - 사고, 사유), 정서(Affection)의 기본 단위이다.

참고: 감각 뉴런 - 400억, 운동 뉴런 - 400억, 총 800억 개가 된다.

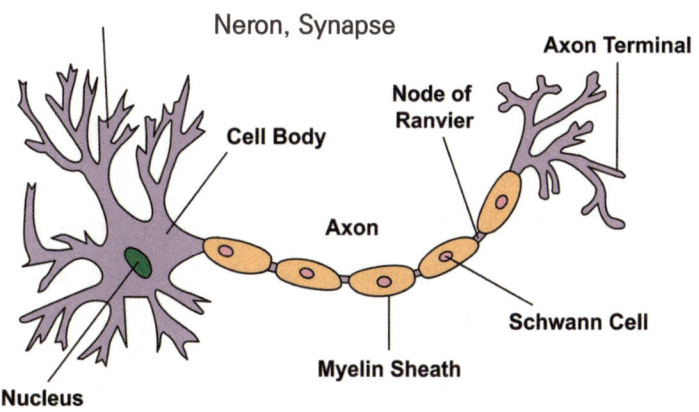

도표 3) 뉴론은 핵과 수상돌기, 축색돌기로 되어 있다.

시냅스: 뉴런의 끝부분에 가시처럼 달려 있으며, 이곳에서 기억,

생각을 하게 한다. 전기작용, 화학작용이 일어난다.

(다) 양자역학의 세계: 뉴런과 시냅스를 유지하는 동력을 퀀텀 물리학으로 설명하는 경향이 있다. 원자(양자, 음이온, 중성자)의 작용으로 설명한다. 물질은 원자로 구성된다. 원자는 음이온의 충돌로 에너지를 낸다. 빛은 파장(파동)과 입자로 되어 있으며, 입자는 물질을 만든다.
참조: 파장은 문학을 만든다.

도표 4) 원자-전자

(라) 의식은 어떤 결과를 초래하나?
인간의 의식은 2개의 단계로 구분한다. 사물을 인식하여 뇌에서 그 사물을 재현, 즉 형상화하여 기억과 개념을 만들어 뇌에 저장하는 단계를 1차 의식이라고 한다. 1차 의식은 동물과 인간에게 다 주어졌다. 그러나 인간만이 이렇게 공평하고 진실하며 참인 개념(1차 의식)을 말(언어)을 통해 표현하는데, 이를 2차 의식이라고 한다.

* 에델만의 분류

이렇게 말로 표현하는 2차 의식에는 크게 3가지 다른 방법이 있지만, 그중 2가지 방법을 통상적으로 강조하여 구분하여 왔다.

〈3가지 방법〉
1) 일상적으로 쓰는 생활 언어
2) 이성적(과학적, 객관적, 보편적, 추상적) 생각과 언어로 인해 과학, 철학, 그리고 이성적 사회가 이루어진다.
3) 감성적(시인적, 구체적, 주관적, 비과학적, 상상) 생각과 언어. 그리고 이성-감성적 생각과 언어로 인해 사회가 이루어진다. 상상을 통해 문학이 생기며, 또 다른 상상, 즉 믿음으로 신앙이 생긴다.

2. 인간의 뇌는 2원론(2분설) 혹은 3원론(3분설)적 구조로 되어 있다? 왜 그럴까?

인간의 뇌를 어렵게 생각하는 이유는 눈으로 보이는 뇌와 눈으로 보이지 않는 뇌가 공존하기 때문이다. 보이는 뇌를 육체적(Flesh) 뇌라고 하는데, 두개골을 열고 보면 물렁물렁하며 갈색깔의 뇌가 보인다. 무게는 약 1.5kg이 된다. - 육체적 뇌(위에서 설명한 인간, 소우주에 해당함)

반면 보이지 않는 뇌를 정신(Mentality), 마음(Mind)이라고 하는데, 눈으로 보이지 않으나 그 기능은 존재한다. 예: 생각, 감정 등.

한편 영(Spirit)을 뇌의 한 부분으로 보는 경향이 있다.

보이는 뇌 = 육체(Flesh Brain) vs 보이지 않는 뇌 = (정신, 마음)

결국: 뇌, 마음, 영 - Tripartite(3분설)

뇌와 정신은 하나가 된다. 그러나 영은 독립 - Bipartite(2분설)

　필자는 육체적인 뇌와 정신(마음)은 하나의 뿌리에서 나온 2개의 가지로 생각하여 하나로 본다. (차차 설명함) 결국 (뇌-마음)과 영. 2분설이 된다.

3. 인간의 뇌: 3대 기능은? (모두 전두엽 - 운동신경의 뇌에서 이루어진다.)

　〈인지(Cognition), 정서(Affection), 운동-행동(Action)〉 기능이다.

　인지란? 기억하고 생각하고 계획하는 뇌의 최고 기능, 전전두엽에서 일어난다.

　정서란? 인지 기능과 1차 감성이 융합된 Cortical Emotion의 상태를 말함, 즉 의식 기억으로 훈련된 감성. 전전두엽(변연계)에서 일어난다.

　행동이란? 인지 기능과 정서 기능을 〈근육운동, 얼굴운동, 언어〉로 실행, 실시하는 운동 - 전두엽의 운동 영역에서 일어난다.

- 필자의 생각: 과거에는 눈으로 보이지 않아 정신이라고 불렀던 인지, 감정, 정서도 뇌·신경과학과 양자역학으로 설명이 되므로 역시 보이는 뇌의 기능이라고 본다.

4. 인간의 뇌 속에는 일정한 법칙이 있다.

　(1) 뇌 속에도 전기가 흐르며, 전기는 +에서 -로 전달된다. 화학적 반응도 한다. 시냅스에서는 화학적 반응. 전기는 반드시 +에서 -로 흘러야 한다. 반대로 흐르게 되면 합선하여 spark가 난다. 간질병이 된다.

(2) 세포는 감각신경(Sensory nerve)에서 핵으로 - 운동신경(Motor nerve)으로 전달(움직임)된다. DNA에 의해 같은 것을 복제한다.

• 감각세포는 밖에서 받은 정보를 그대로 운동세포에게 전달해 준다.

단세포 동물인 아메바는 자극(Stimulus)을 주면 감각신경이 접수하여 핵(Nucleus)으로 전달하면, 핵 속에서 즉시 해석, 반응을 하여 도망간다(운동신경세포의 작용을 말한다). 고등동물도 마찬가지이다. 자극을 받은 후(감각신경세포) 핵에 해당하는 뇌중추에서 잠시 생각을 한 후 운동신경에 의해 행동-운동(Action)을 한다. 최고의 고등 영장류인 인간도 마찬가지이다. 사물을 감각신경으로 받아 뇌중추(인지기능 - 전전두엽)에서 해석 분석을 한 후(사고 - 생각이 됨) 운동신경을 통해 즉 말(글)과 근육, 얼굴 운동을 통해 행동 〈운동(Action)〉을 한다.

"사물 - 감각신경 - 중추(생각하는 곳 - 사고 - 의식) - 운동신경 - 행동"의 순서가 된다.

아메바와 인간은 같은 행동을 하는데, 다른 것은 인간은 중추(생각하는 곳 - 전전두엽)에서 오래 머물며 복잡하고 신비스러운 일을 한다. 다른 말로 "의식"이라고 한다.

신경세포의 전달 방법이 거꾸로 되면 전기가 합선되듯이 신경세포의 전달에서 합선이 되어 불꽃이 튄다. 이를 간질(Epilepsy)이라고 한다.

감각신경세포는 공장과 같아서 기억을 만들어 내고 저장하는 곳이며, 운동신경세포는 물건을 만들기 위해 고안, 재단, 설계, 실행하는(Executive) 기술자에 해당한다. 이렇게 만들어진 물건은 말초운동신경을 통해 행동(말, 얼굴운동, 근육운동)을 한다.

(3) 인간에게는 5감각(시, 촉, 청, 후, 미각)이 있다. - 외부감각이라고 한다.

- 3개의 내부감각(내장감각, 고유감각, 평형감각)도 있다.

인간은 출생하자마자 인간 밖에 있는 사물(대상, 자연 등)을 5감각으로 인식(Recognition)해 뇌중추(전전두엽)에서 형상화하여 기억 - 개념을 만들어 사용(Action)한 후, 기억으로 저장해 두었다가 다시 사용한다. 이와 같은 작업을 평생 동안 반복하여 생각, 사유, 사고를 죽기 바로 전까지 하게 된다. 이렇게 생각, 사유하는 것을 의식이라고 한다.

인류 역사를 보면 철학자들(플라톤, 칸트 등), 작가들은 의식에 관계되는 개념, 상상 등을 평생 연구하였다. 다시 말하면 "인간의 뇌와 기능"을 연구한 신경과학자라고 말하고 싶다.

> 인간의 일생은 사물-인식-기억-생각(사유)
> -언어. 말. 글로 행동하는 삶의 연속이다.

인간은 태어난 후에도 3년 동안 전전두엽의 발전으로 뉴런이 형성되며, 놀랍게도 시냅스의 발전은 평생 계속된다. 사람이 죽는 것은 시냅스가 안 되는 단계이며, 시냅스가 안 되면 사람은 결국 죽는다. 인간이 마지막 죽음에 이르면 치매가 되어 기억이 떨어지며 말을 하지 못하게 되는 생리적인 법칙에 따른다.

(4) 사물 - 감각신경 - 인식(Recognition)과 물리학, 화학적 지식

5감각을 통해 인간은 부단히 인식하여 기억을 만들고, 이 기억을 사용하여 평생 생각하고 행동한다.

5감각(시각, 청각, 촉각, 후각, 미각) 중 시각이 가장 중요하다. 인간은 감각의 75%를 시각을 사용하여 기억을 만든다. 인간의 감각신경세포는 태어날 때부터 무의식 기억, 즉 DNA에 의해 프로그래밍되어 있어 인간은 거의 비슷하거나 같은 세포를 갖고 있다. 그러기에 인간은 보고, 듣고, 만지고, 냄새, 맛을 느끼는 것이 거의 같다(선험적 기억).

　인간의 시각세포는 가시광선만 본다. 적외선, 자외선 등은 볼 수 없는 광선이다. 청각도 일정한 주파수만 듣는다. 그러기에 인간은 보고, 듣고, 만지고, 냄새 맡는 것이 아주 비슷하게 마련이다. 흑인, 백인의 차이가 없다.

　만일 가시광선, 주파수를 조금 더 넓게 받아들이는 사람이 있다면 그는 분명 천재가 될 것이다. 아니, 수퍼 인간이 될 것이다.

　화학물질의 냄새도 마찬가지로 인간은 아주 비슷하다.

　그러기에 인간은 비슷한 기억, 지능(IQ), 감성, 감정(EQ)을 갖게 되며 평등하게 된다.

　IQ가 낮은 경우를 보면 신경세포의 기능이 저하된 것이다. 반대로 높은 IQ는 신경세포가 더 활성화된 경우가 된다고 본다.

B. 인간의 눈에 보이지 않는 뇌 = Mindful Brain = 마음(心)이란?

　인간의 마음이란 무엇인가에 대해 끊임없는 연구를 해 왔으나 아직도 잘 모른다. 그러나 대충 3가지 정의로 설명할 수가 있다.

1. 마음의 정의 (Definition of Mind)

　(1) 전통적인 정의: 지(知)·정(情)·의(意)가 활동하는 뇌의 작용

2500년 전 아리스토텔레스(플라톤)에 의해서 처음 설명된 정의

지 = Reason = 인지 / 정 = Emotion = 정서(사랑, 정의, 정서) / 의 = Will Power = 의욕 = 정서(판단, 양심)

- Logos, Ethos, Pathos

(2) 인지, 정서, 운동이 활동하는 뇌의 작용 = 진·선·미 (신경학으로 본 정의)

뇌의 작용과 일치한다. 뇌과학적으로 구분이 된다.

- 1781년 임마누엘 칸트의 『순수이성비판』 이후

(인지 = 순수이성 = 진), (정서 A 영역 = 실천이성비판 = 선),

(판단이성비판 = 미 = 정서 B)

(3) The Mind is an access to regulate the flow of information and energy. = Quantum Theory

"마음은 정보와 에너지의 흐름을 조절하는 조절 장치."

정보 = 물질 속의 원자, 빛의 파장, 파동에 의해서 빛으로, 소리로, 맛으로, 냄새로, 촉각으로 정보를 만들어 낸다.

에너지 = 원자의 전자가 부딪치고 물러나고 끌어당기면서 에너지를 내게 되며 전기로 전달한다.

2. 마음은 어디에 있나?

"마음이 어디에 있나"라는 명제는 수천 년을 통해 연구해 왔으며, 각양각색의 대답이 있다. 그러나 오늘날 뇌과학으로 밝혀진 바는 "몸(육체) 전체 속에 들어 있다"라고 결론한다.

이유:

인간이 태어날 때, 인간은 육체와 뇌를 갖고 태어난다. 육체에는

체세포가 있고, 뇌에는 감각신경세포가 들어 있고, 운동신경세포도 만들어지고 있다. 마음의 정의에서처럼 지·정·의 중에 '지'에 속하는 대뇌의 이성적 작용은 태어날 때는 전혀 없다. 대뇌는 의식 기억이 없는 텅 빈 상태이나, 대뇌하부의 뇌에는 무의식 기억이 꽉 차 있는데, 무의식 기억이란 본능적인 감성(느낌, 욕망, 감정)으로 차 있다.

    육체에는 5감각이 있어, 태어나면서부터 인간은 5감각을 사용하여 사물을 인식하고, 대뇌에서 기억을 만들며, 기억을 이용하여 인지하고 감성과 합하여 정서를 만들고, 운동신경을 통해 행동하게 되며, 이와 같은 일은 죽을 때까지 계속된다. 지·정·의, 진·선·미가 작용하는 부분은 전두엽이다. 결국 인간의 마음은 전체 몸속에 있는 것이며, 정신적(마음)과 육체적 뇌의 기능은 결국 하나의 뇌에서 이루어지므로 2원론이 아닌 1원론이 된다.

- 인간의 전전두엽에서 인지, 정서 기능이 이루어지는 바, 전전두엽이 기능에 아주 중요하지만 전전두엽을 뒷받침해 주는 말초 감각신경(5감각과 3개의 내부감각)의 인식이 아주 중요하다.

    그러므로 마음은 몸 전체에 있다. 라고 결론한다.

C. 마음과 생각의 단위 = 기억이다!

    기억의 정의: 우주의 사물을 뇌에서 형상화해서, 개념으로, 시각적 이미지로 감각의 뇌에 저장한다. 밖의 사물 또는 관념을 5감각으로 인식하여 전전두엽에서 형상화하고 감각의 뇌에 시각적 이미지로 저장시킨다.

    종류: 의식 기억(대뇌에 저장되고 활동한다.)
    무의식 기억(대뇌 하부의 뇌, 기저핵, 소뇌, 체세포에 태어나기 전부터

저장된 본능적인 기억)

    종류: 일화 기억(Episodic Memory), 의미 기억(Semantic Memory), 절차 기억, 훈련 기억 — 무의식 기억으로 된다.
- 문학의 장에서 설명함

D. 의식(Consciousness)과 종류 — 신경과학으로 분류

(가) 의식이란? 기억, 개념을 만들고, 인지하고, 말을 하여 생각을 만드는 뇌의 능력을 의식이라고 한다.
- 의식은 곧 뇌의 기능이며 전부가 된다.

(나) 의식의 분류: (2가지 = 에델만의 분류)

1차 의식: 사물을 형상화하여 기억 – 개념으로 만들어 저장한다.

2차 의식: 1차 의식의 개념을 말을 통해 확장, 변형(상상)하여 생각을 만든다.

E. 1차 의식과 2차(고차) 의식에는 양자역학도 적용된다.

우주는 사물과 빛으로 되어 있다.

절대적인 진리는 없다. 진리는 2원론적이다.

예: 빛(light)은 파장과 입자이다.

파장, 파동은 소리가 된다. 소리는 언어가 된다.

빛의 입자는 물질의 기본이 된다.

F. 철학, 과학, 문학의 언어(시, 소설)는 어떻게 다른가?

인간의 생각, 사고는 개념을 말(언어)로 표현하는 학문인데 언어가 어떻게 다르기에 다른 학문으로 되는가?

답: 인간의 언어는 의식의 종류에 따라 크게 3가지로 나뉘게 된다.

1) 일상적인 언어.

2) 개념의 확장을 통한 지식, 논리의 사고 ― 이성적 언어.

3) 개념의 변형을 통한 상상의 언어 ― 감성적 언어.

이들 언어를 문장으로 바꿔 표현할 때,

1) 일반적인 설명을 하는 서술적 글(문장).

2) 논리, 논증의 문장.

3) 객관적, 주관적, 내면적 상상 묘사의 글.

4) 객관, 주관, 상상을 통한 서사적 문장이 된다.

• 이상의 사전 지식을 가지고 다음 논서를 읽어 보시기 바랍니다.

Chapter 2

의식과 인간의 3가지 다른 생각(사고) -언어

Chapter 2

의식과 인간의 3가지 다른 생각(사고)-언어
〈총론과 역사적 고찰〉

인간은 3가지 다른 사고, 언어를 평소에 사용하고 있다.

첫째는 A: 일반, 보편적인 누구나 사용하는 생각, 일상 언어(50%)

둘째는 B: 이성적(과학적, 객관적, 보편적, 과학자) 생각과 언어(25%)

셋째는 C: 감성적(비과학적, 주관적, 구체적, 시인) 생각과 언어이다.(25%)

첫째 사고와 언어 A는 누구나 다 하는 기본 언어로, 단순한 일상생활에 필요한 언어이다. A와 B는 같은 개념이 변하지 않으므로 A와 B를 하나로 한다. 그러므로 둘째와 셋째를 강조하여 **2가지 다른 생각 - 사고 - 언어로 나눈다.**

이성적 생각 - 사고, 언어 (과학적, 객관적, 추상적, 보편적)
      - Rational Thinking

감성적 생각 - 사고, 언어 (비과학적, 시적, 주관적, 구체적)
      - Emotional Thinking

질문: 나는 이성적 사고의 소유자인가? 아니면 감성적인가? 아니면 2가지 다 소유하고 사용하는가? 유념하며 다음 논서를 읽기 바란다.

A. 의식과 3가지 생각 - 사고에 - 언어에 관한 역사적 고찰

(문학의 변천도 된다)

인간과 동물의 다른 점은 언어에 달려 있다. 동물 중에서 인간만이 언어를 사용하여 소통한다. 인간이 언어를 사용한 것은 네 발로 다니던 동물에서 직립(바로 서서 걷기)하면서 말을 하게 되었으며, 약 10만 단어(개념)를 사용하게 되고, 여자는 매일 10,000단어를 사용하며, 남자는 약 5,000단어를 사용하여 소통하고 문자를 사용하여 시·소설 등을 창작하기도 한다.

동물 중 가장 고등한 고릴라는 약 400개의 단어를 사용한다고 하니 상대가 되질 못한다. 이에 대한 뇌과학적, 양자역학적 설명을 하기로 하고 지난 5,000년의 인류 역사를 더듬어 보기로 하자.

1. 플라톤과 아리스토텔레스의 논리

(가) 플라톤(Plato):

a. 2,500년 전, 그리스의 철학자 플라톤은 인간의 기억은 뇌 속에 들어 있다고 생각했다. 외부에서 들어온 사물이 기억이 되는 데, 사물과 뇌 속의 기억은 "참 - 진실, True"라고 생각했으며, 이 기억은 변함없이 확대되어 더 큰 개념이 된다고 생각하여 개념(Idea)이라고 했다.

• 참고: 현대에서 개념이란 범주화된 기억들이며, 단어(Word)에 해당한다.

b. 이 개념은 확대되어 지식이 되며, 이성적으로 이해하기 힘든 경우를 형이상학이라고 했다. 개념을 사용하는 철학자들의 사회는 거짓이 없으며 상상도 없다고 했다. 플라톤은 상상을 정상으로 보지 않고 비정상(광인)이라고 생각했기에 시인을 배척했다.

(나) 아리스토텔레스(Aristotle)

a. 플라톤의 제자인 아리스토텔레스는 플라톤과 같은 생각을 하였으나, 다른 것은 개념적인 말(언어)은 물론 상상의 언어를 정상으로 인정하였다.

b. 모방을 인정하고 상상으로 시를 쓰는 것을 정상으로 볼 뿐만 아니라, 문학 창작을 통해 카타르시스가 온다고 주장했다.

c. 시학, 철학, 예술 등 전반에 걸쳐 많은 업적을 이룬 철학자, 과학자였다.

d. 인간은 지(知)·정(情)·의(意)를 소유하고 있다고 했다. 지정의는 전통적인 "마음"의 정의가 된다. Logos(이성적 언어), Ethos(윤리적 언어), Pathos(감성적 언어)로 나눈다.

- 에델만(1차 의식과 2차 의식)과 칸트의 분류(진·선·미)와 거의 일치한다.

2. 중세기

고전주의 철학과 문학의 연속으로 이성적 사고와 형이상학을 중요시하여 암흑시대를 이루었다. 육체를 천하게 여길 정도였다.

3. 신고전주의, 르네상스와 그 이후

a. 데카르트, 스피노자 등 유럽의 선험적 합리론 철학자들:

데카르트를 비롯한 유럽의 철학자들은 육체와 감성의 중요성을 말하게 되었다. 인간은 태생부터 기억 또는 분별력을 갖고 태어났다는 "선험적, 합리적 이성적 사고"를 주장했다.

"나는 생각한다, 고로 나는 존재한다."

선험적이란?: 인간은 태어날 때부터 기억을 가지고 태어났다고 주장했다. 본능적 기능, 감성적 기억을 말한다. 가르쳐 주지도 않았는데 할 수 있는 능력을 갖고 태어났다고 한다. 결국 무의식 기억으로 보면 된다. 주로 대뇌하부의 뇌와 편도체, 기저핵, 소뇌에 들어 있으며, DNA에 의해 이미 프로그램이 된 감각적 신경에 의한 기억이다. 대뇌에도 무의식 기억의 감각신경이 있다. 1차 감각 뉴런은 무의식 기억, 즉 선험적 기억을 만드는 곳이다(감각신경의 뇌의 약 10~20%가 된다). 그러나 대뇌의 나머지 부분, 즉 80%는 의식 기억, 즉 후천적 기억을 만드는 연합 신경 뉴런이며, 2차 의식의 사고를 하는 부분이다. 결국 데카르트 등의 유럽 철학자들은 50%는 맞고 50%는 틀린 것이다.

b. 존 로크, 데이비드 흄: 경험주의

경험주의 철학자들은 인간은 태어날 때에는 대뇌에 아무런 기억이 없지만, 나이 들면서 경험에 의해 의식 기억으로 기억이 대뇌에 저장되며, 이들 기억(경험)을 이용하여 사고하며 생활한다고 주장했다. 결국 이들도 50% 맞고 50% 틀리는 주장을 하였다. 출생 시 대뇌는 텅 빈 상태로 기억이 없다. 물론 대뇌하부의 뇌에는 무의식 기억(본능, 선험적)은 있다.

4. **임마누엘 칸트의 생각** - 3가지: 순수, 실천, 판단 이성비판론을 통해 알아본다. *** (반드시 이해하자)

a. 칸트의 위대한 점: 철학의 저수지. 선험적 기억(유럽식)과 경험적 기억(영국식)을 하나로 묶어 집대성했다(1781년 『순수이성비판』에서).

어떻게?: 칸트는 밖의 사물을 인식(Recognition)할 때, 감성적(선험적) 인식과 이성적(경험적) 인식을 통해 사물을 뇌에서 형상화한다고 생각했다.

• 필자의 생각: 맞는 말이다. 뇌과학적으로 5감각이 사물을 인식할 때, 시상에서 감정으로 자극을 주게 된다(즉 1차 감성으로… 무의식 기억 작용이 된다). 뿐만 아니라 시상에서 의식 기억의 뇌(감각의 뇌)로 전달하여 인지의 뇌에서 사고를 하게 한다. 사고는 이성적 기억의 사고와 감성적 기억의 사고, 즉 1차 의식이 된 후 2차 의식으로 된다.

b. 칸트의 인식론 (『순수이성비판』에서)

인간은 어떻게 사물을 보고 기억하고 생각하는가? 칸트는 인식론에서 인간이 어떻게 인식하고 형상화하고 개념화하는가를 자세하게 마치 과학자처럼 설명하였다. 칸트는 밖에 보이는 사과(사물)를 5감각으로 인식(recognition)한다고 했다. 5감 중 시각이 가장 활발하다. 시각으로 인식된 사물(사과)은 뇌에 들어와 다시 똑같은 모양으로 형상화되는데, 이를 재현이라고 했다.

재현된 형상은 밖의 사물과 꼭 같다고 보았다. 이렇게 형상화된 뇌 속의 사물은 기억이 되며, 같은 종류의 기억은 개념의 범주화로 개념(Idea)이 된다. (필자의 의견: 여기까지를 뇌·신경과학에서는 1차 의식이라고 부른다. 칸트는 왜 형상화된 형상이 사물과 같은가를 철학적으로 설명했다. 뇌·신경과학이나 양자론으로 설명하면 더 쉽다.)

만들어진 개념은 추론에 의해 더 큰 개념으로, 즉 지식으로 발전하게 되며, 원래의 개념에서 벗어나지 않는다. 지식으로 커진 개념을 오성(지성)이라 하며, 이성으로 설명할 수 없는 것을 형이상학이라 한다.

시각적 이미지가 없는 개념은 관념(Concept, Idiom)이 되며, 관념은 다시 형상화하려고 한다. (필자의 설명: 이 부분은 2차 의식의 개념 확장이 된다.)

한편, 칸트는 상상에 대한 설명을 하였다. 상상으로 개념이 다른 형태로 완전히 변형됨을 설명한다. (필자의 해석: 뇌신경으로는 2차 의식 중 하나인 개념을 유추하여 상상, 은유화하는 과정이다.)

개념을 단순한 말로(일반 언어), 개념의 확장(추론과 알고리즘)을 말로 표현하면 더 큰 개념이 되며, 철학, 과학이 된다. 문장은 설명문으로 산문, 논설, 논리가 된다.

c. 공간과 시간

칸트의 이론 중 하나는 인간은 "공간과 시간으로부터 자유롭다"라는 개념이다. 동물은 공간과 시간으로부터 자유롭지 못하지만, 인간은 공간을 이용할 줄 안다. 그 결과 인간은 기억 - 개념을 시각적 이미지로 인간의 뇌 속에 저장하고 사용한다.

시간으로부터의 자유는 시각적 개념을 청각적 개념으로 바꿔 말(언어)로 표현하여 생각, 사고로 바뀌게 되며, 글로 바꿔 문장으로 만든다.

d. 칸트의 진(眞)·선(善)·미(美)의 개념 - (전전두엽의 기능)
『순수이성비판』, 『실천이성비판』, 『판단이성비판』
인지기능(Logos?), 정서A(양심 - Ethos?), 정서B(정, 사랑 - Pathos?)

칸트는 3대 비판론을 통해 인간의 인지기능과 이성작용을 설명하였는데, 뇌과학적으로 이는 전전두엽의 인지기능 영역이다.

『순수이성비판』은 Cognition으로 전전두엽의 기능이다.

『실천이성비판』은 전전두엽 앞측의 변연계에서 일어나는 정서A 작용으로, 양심, 판단, 도덕, 법률, 충동, 보상, 동기 등에 해당된다.

『판단이성비판』은 전전두엽 변연계의 뒷부분에 있는 정서B 작용으로, 사랑, 정, 한, 슬픔, 상상, 영감 등을 표현하는 미의 영역과 기능을 말한다. 도표 1) 참조

e. 칸트가 몰랐던 몇 가지 내용 (뇌·신경과학과 양자물리학을 통해서 알아본 인식론과 비교해 볼 때)

(1) 밖의 사물과 형상화된 사물(재현)이 왜 똑같은가?

칸트의 설명은 과학적이지 않으나 뇌과학과 양자물리학으로 설명하면 아주 쉽다.

우선 답부터 알려준다.: 인간이 갖고 있는 감각신경세포는 있는 그대로 받아, 있는 그대로 전달해주는 기능, 즉 DNA에 그대로 복사된 프로그램이 들어 있는 것을 당연히 몰랐다.

(2) 컴컴한 뇌속에서 어떻게 형상화된 사물을 인지하고 무엇인지를 알아내는가?

감각신경세포에 의해 전달된 형상을 운동신경은 어떻게 알아맞추는가?

답: 운동신경세포는 감각신경세포에 저장되어 있는 기억·개념을 추론(Inference – 추측)하여 불러내어 비교해서 알아맞춘다.

(3) 플라톤과 칸트는 형상화된 사물은 변하지 않고 확장되어 더 큰 개념이 되고 지식이 된다는 사실을 다른 방법으로(기억 – 오성 – 개념

등) 설명하였으나, 추론(귀납, 연역)과 알고리즘, 머신러닝, 디지털 방법이라는 것은 몰랐다?

답: 개념이 변하지 않고 확장되는 방법은 알고리즘과 디지털 방법으로 된다.

반면, 이때 사용되는 추론은 귀납법, 연역법을 사용하게 된다.

신경학적으로 비슷한 개념을 가진 〈두 개의 뉴런〉들이 알고리즘의 시냅스를 하여 개념이 확장된다고 필자는 생각한다.

(4) 칸트는 개념과 다른 개념들이 모여 유추(Analog)에 의해 상상이 되어 개념이 완전히 다른 개념으로 변형해 이미지가 형성되는 것을 몰랐다.

답: 개념이 변형되어 이미지가 되는 것은 유추에 의한 상상과 은유 때문이다.

신경학적으로 〈3개의 다른 신경세포〉들이 비교·유추하여 완전히 다른 이미지를 형성한다.

(5) 감각신경세포와 운동신경세포는 어떻게 다른가? 연합신경세포란? 칸트는 당연히 몰랐을 것이다.

1차 감각신경세포는 사물을 인식하여 중추로 보내며 있는 그대로 전달한다.

운동신경세포는 운영을 하는 Manager 역할을 한다.

연합신경세포(Interneuron)는 감각신경과 운동신경을 같이 가지고 있는 특수 신경세포로, 감각신경의 뇌 속에 들어 있으며 감각신경뇌에 있는 세포의 80%가 된다.

연합신경세포는 추론(Inference), 유추(Analogical Inference)를 하며 기억·개념을 저장하고 인출하는 공장 또는 입법기관과 같은 곳이다. Machine Learning, Deep Learning, Algorithm, AI가 일어나는 부분이다.

(6) 칸트는 고전역학물리는 알았으나 물론 양자역학은 몰랐을 것이다.
답: 당연히 칸트는 몰랐다. 그런 의미에서 보면 필자의 논문은 의미가 있다고 생각한다.

f. 칸트의 용어와 에델만의 용어를 정리해 보자.
칸트(에델만)의 용어를 통일해서 정리해 보자.
(1) 대상(사물)에는 외부 대상과 내부 대상이 있다.
밖에 있는 사물처럼, 인간의 뇌 속(기억으로)에 떠다니는 기억들은 내부 대상이 된다.
기억을 인출(Retrieval)하면 내부 대상이 된다.
내부 대상(인출된 기억)을 다시 개념으로(1차 의식) 해서 추론(알고리즘)과 유추(아날로그)를 하게 된다.
직관: 이미 기억으로 정해진 상태로 대상을 보는 경우
지각: 감정에 물든 기억
• 이들은 이미 고정관념화 되어 있다.

(2) 인식(Recognition): 감각적, 1차 감각신경에 의한 인식(이성적)과 감성적 인식으로 나눌 수 있다.

(3) 표상(Representation): 내부, 외부 대상이 인식되어 뇌 속에 들어와 있는 모든 것을 말한다. 컴퓨터로 치면 처리되지 않은 모든 데이터가 된다. * 재현이라는 단어로도 사용한다.

(4) 현상: 표상들 중에서 선택된 것들로 압축해서 말함, 처리된 데이터.
감성 - 칸트는 감각으로 인식된 상태를 감성이라고 했다.
선택된 감성으로 표상 - 현상이 된다.
현상은 개개의 기억이 되면 경험 자아가 된다.

(5) 오성·지성(Understanding): 선택된 현상·경험·기억들을 모아 범주화(Categorization)하여 개념을 만드는 것. 지식으로 된다.

(6) 이성(Reason): 개념들이 추리, 추론, 유추를 통해 이념이 되는 단계.
이성이란 말은 하나의 원리를 다른 원리로 만드는 능력이다.
이성의 한계에 도달하면 그 이상을 알 수가 없어 형이상학(Metaphysics)이라고 함.

(7) 의식의 흐름: 이와 같이 뇌 속에서 생각이 되기 전의 단계의 개념, 이념, 기억은 항상 떠다닌다. 하루에 약 10만 개가 떠다닌다.

(8) 생각(Thoughts): 떠다니는 개념, 이념 등이 운동의 작용(Action)인 말(Language)로 입 밖으로 나오면 그 개념 등이 드디어 생각이 된다.

10만 개의 의식의 흐름 중 약 10%만 생각으로 나온다. 남자의 경우는 이것의 반 정도, 즉 5,000단어 정도가 하루에 나온다.

• 이상의 용어는 플라톤이 주장한 이데아를 개념으로, 칸트와 에델만도 통일해서 개념 - 생각으로 사용했다.

(9) 감성 = Sensibility : 용어 정리

(Primary Sensibility - 1차 감성): 무의식 기억으로 이미 태어날 때부터 저장되어 있다.

2차 감성(Secondary Sensibility - 정서 Affection):

정, Cortical Emotion - 정, 인지 감정, Will Power(의지)로 표현되나 Affection으로 한다. 기억으로 저장된다.

아리스토텔레스(플라톤)의 지(知)·정(情)·의(意)

칸트의 진(眞)·선(善)·미(美)

Cognition, Affection = Cortical Emotion, Will Power

지 = 순수 인지, Understanding, 『순수이성비판』 = 진(眞)

정 = 정, 사랑, Affection - 『판단이성비판』 = 미(美), 2차 감성

  = 정서 B = 아리스토텔레스의 뇌.

의 = 의지 = Will Power = 『실천이성비판』

  = 선(善), 2차 감성 - 정서 A = 플라톤의 뇌.

B. 20~21세기 뇌·신경과학과 양자역학물리학에 의한 의식에 대해서

1. 뇌·신경과학자: 에릭 칸델, 제럴드 에델만

1) Eric Kandel: 기억을 전자현미경으로 발견하여 노벨상을 수상함. 미국 콜럼비아 의대 정신·신경과 교수. 민달팽이의 뇌의 뉴런에서 기억이 단백질로 형성되고, 저장되고, 사용되고 있음을 밝혔다. 구체적으로는 신경세포의 말단에 있는 가시(Spine)와 다른 세포의 가시 사이를 연결하는 시냅스(Synapse)에서 일어난다.

2) Gerald Edelman: 면역학으로 1980년대 노벨 생리의학상을 받았으며, San Diego 근교에 있는 Scripps Hospital 연구소에서 40여 년간 의식(Consciousness)을 연구한 석학이다. 1995년 『뇌·신경과학과 마음의 세계』라는 저서에서 의식이란 무엇인지, 그 분류 등을 저술·출간하였으며, 플라톤·칸트의 의식과 사고를 깊이 연구하였다.

C. 디지털 시대와 인공지능에 의한 의식과 문학의 세대

1) 알고리즘, 디지털, AI - Machine Learning
2) 아날로그, Deep Learning
   → ChatGPT는 1) + 2) 모두 포함

컴퓨터 용어와 뇌과학 용어 (반드시 이해하여야 한다.)
1)와 2)가 일어나는 뇌의 부위와 신경은 어디에 있나?
답: 감각신경의 뇌에는 1차 감각신경과 연합 뉴런(2차 연합신경)이 있다.

즉, 1차 감각 뉴런(10~20%)과 2차 감각·연합 뉴런(80~90%)이 있는데, 1차 감각 뉴런은 사물을 형상화하여 이미지를 만들고, 기억·지각·개념으로 만들며, 추론에 의해 사물을 알아내는 기능을 한다. (주: 이를 1차 의식이라 한다.)

그러나 연합 뉴런은 감각신경과 운동신경이 공존하는 신경세포로, 3가지의 다른 2차 의식 기능—(가) 개념의 연속, (나) 개념의 확장, (다) 개념의 변형(상상)—을 하게 된다.

(가) 개념의 연속: 개념을 하나하나 순서대로 말로 하는 것.

(나) 알고리즘·디지털·머신러닝에 의한 추론으로 개념의 확장, 이론 형성, 형이상학을 만드는 작용을 한다. 머신러닝은 특징 추출과 분류를 통해 같은 종류의 개념을 확장하고 논리화한다. 디지털도 같은 방식으로 0과 1 같은 숫자의 변형으로 데이터를(개념을) 부풀리게 된다. 귀납법과 연역법이 여기에 해당된다.

(다) 같은 연합 뉴런에서 아날로그, Deep Learning과 같이 '특징 - 분류 - 특징 - 분류'의 과정을 반복하며, 데이터에서 완전히 다른 데이터로 변형하는 방법을 취한다. 이는 2차 의식(상상)이며, 유추라는 방법을 사용한다.

필자는 AI의 Machine Learning과 Deep Learning을 도표 로 보여줬으나, 자세한 설명은 피하기로 한다. 단지 이들 작용이 마치 두 개의 신경 뉴런과 세 개의 신경 뉴런에 의한 시냅스의 작용과 같다고 생각한다. 두 개의 뉴런(시냅스)에 의한 추론, 세 개의 뉴런(시냅스)에 의한 유추가 감각의 뇌, 연합 뉴런(2차 뉴런 - Interneuron)에서 이루어진다고 생각한다.

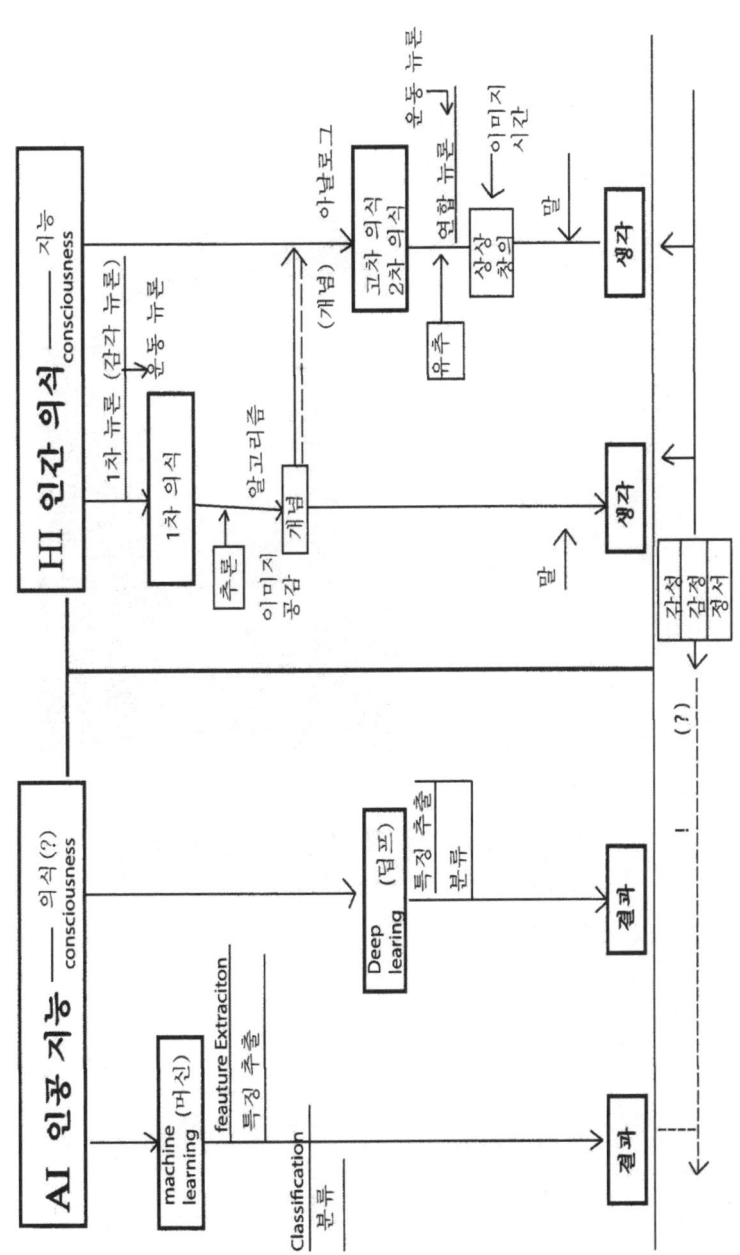

Neuron & Synapse

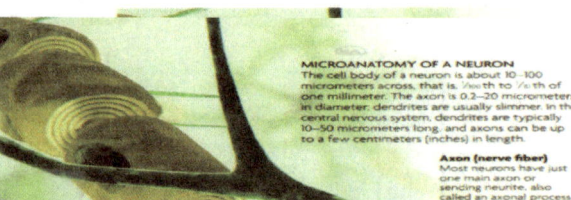

MICROANATOMY OF A NEURON
The cell body of a neuron is about 10–100 micrometers across, that is, 1/2500 to 1/250 th of one millimeter. The axon is 0.2–20 micrometers in diameter; dendrites are usually slimmer. In the central nervous system, dendrites are typically 10–50 micrometers long, and axons can be up to a few centimeters (inches) in length.

Axon (nerve fiber)
Most neurons have just one main axon or sending neurite, also called an axonal process or nerve fiber. It is usually

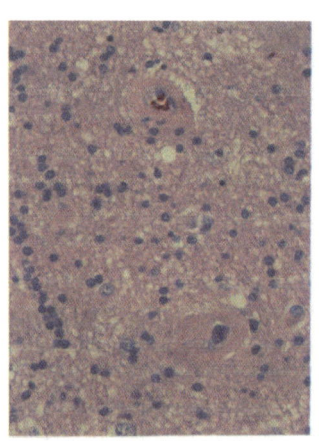
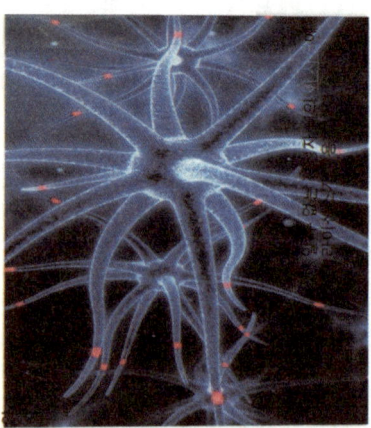

시냅스 모임, 저장

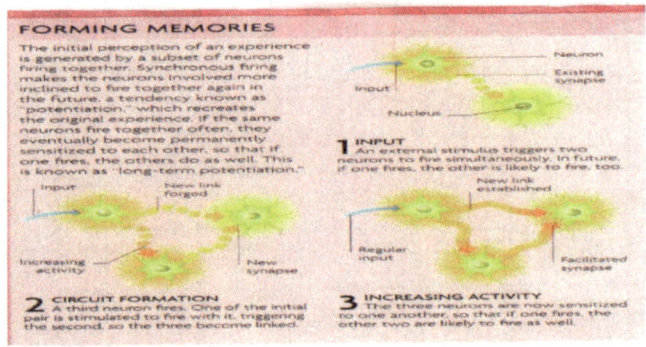

FORMING MEMORIES
The initial perception of an experience is generated by a subset of neurons firing together. Synchronous firing makes the neurons involved more inclined to fire together again in the future, a tendency known as "potentiation," which recreates the original experience. If the same neurons fire together often, they eventually become permanently sensitized to each other, so that if one fires, the others do as well. This is known as "long-term potentiation."

1 INPUT An external stimulus triggers two neurons to fire simultaneously. In future, if one fires, the other is likely to fire, too.

2 CIRCUIT FORMATION A third neuron fires. One of the initial pair is stimulated to fire with it, triggering the second, so the three become linked.

3 INCREASING ACTIVITY The three neurons are now sensitized to one another, so that if one fires, the other two are likely to fire as well.

BRAIN CELLS

THERE ARE OVER A THOUSAND TYPES OF BRAIN CELL, WHICH FALL INTO TWO BROAD GROUPS: NEURONS AND GLIAL CELLS NEURONS SEND ELECTRICAL SIGNALS, OR "FIRE," IN RESPONSE TO STIMULI. THERE ARE ABOUT 86 BILLION NEURONS IN AN AVERAGE HUMAN BRAIN AND TEN TIMES AS MANY GLIAL CELL

NEURONS

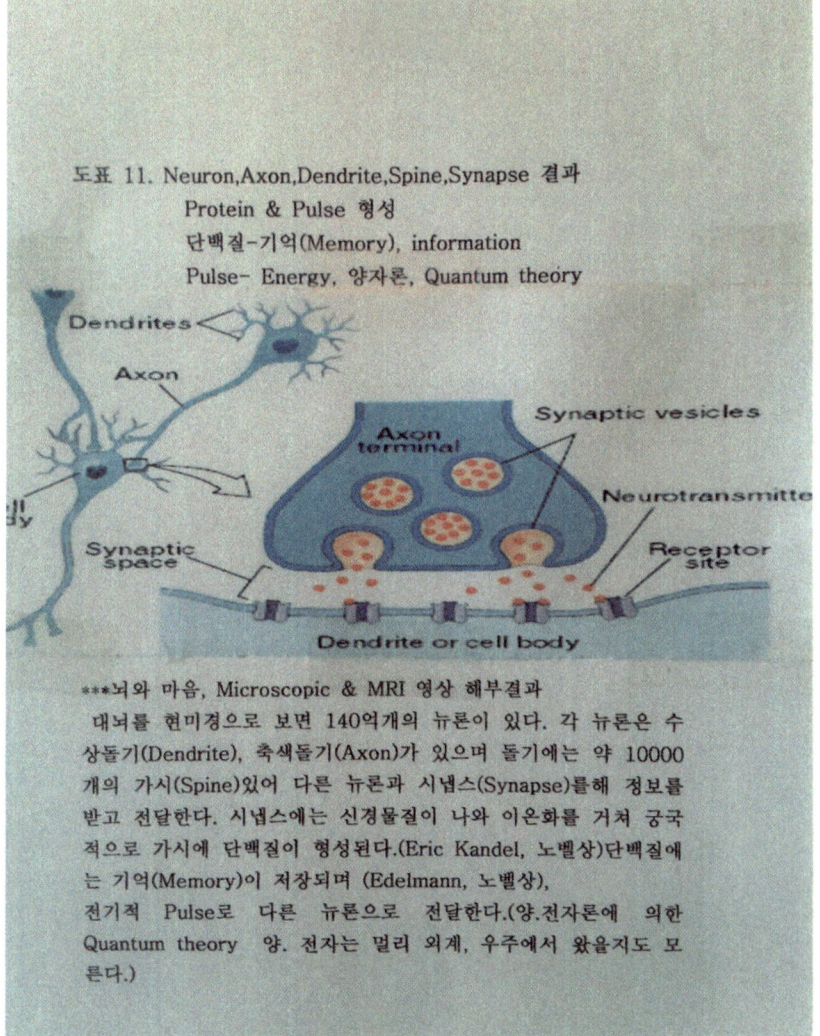

도표 11. Neuron, Axon, Dendrite, Spine, Synapse 결과
　　　　Protein & Pulse 형성
　　　　단백질-기억(Memory), information
　　　　Pulse- Energy, 양자론, Quantum theory

***뇌와 마음, Microscopic & MRI 영상 해부결과
　　대뇌를 현미경으로 보면 140억개의 뉴론이 있다. 각 뉴론은 수상돌기(Dendrite), 축색돌기(Axon)가 있으며 돌기에는 약 10000개의 가시(Spine)있어 다른 뉴론과 시냅스(Synapse)를해 정보를 받고 전달한다. 시냅스에는 신경물질이 나와 이온화를 거쳐 궁극적으로 가시에 단백질이 형성된다.(Eric Kandel, 노벨상)단백질에는 기억(Memory)이 저장되며 (Edelmann, 노벨상),
전기적 Pulse로 다른 뉴론으로 전달한다.(양.전자론에 의한 Quantum theory 양. 전자는 멀리 외계, 우주에서 왔을지도 모른다.)

구글을 통해 Machine Learning, Deep Learning을 숙지하기 바란다.

D. 양자역학과 의식

아인슈타인 이후 수많은 연구자들에 의해 의식도 연구되고 있음. 양자역학에서 문학을 이해하기 위한 필수 지식 발췌.

1. 양자역학의 정의:

Quantum Mechanics is a fundamental theory that describes the behavior of nature at and below the scales of atoms.

It is the foundation of quantum physics which includes quantum chemistry, field theory, quantum technology and quantum information science.

아주 작은 물질인 원자의 행동을 설명하는 학문. 세상 모든 물질들은 바로 이 원자의 결합으로 이루어져 있다.

전자의 불확성, 인지하지 않으나 존재하는 이원론적 학문이다.

그러나 오늘날, 반도체, 전자 문명, AI 등은 모두 양자역학의 산물이다. 인간의 의식도 그러하며, 문학도 그러하다.

2. 양자역학의 이론 중 중요한 부분:

온 우주에는 물질과 빛이 있다.

우주의 모든 물질은 원자가 최소의 단위가 된다.

원자는 핵(양자 + 중성자)과 전자(이온)로 구성된다.

전자는 안정을 만들기 위해 전자의 충돌과 당기기를 하여 에너지를 만들어낸다.

이 에너지는 전기로 움직인다.

빛은 2원론적이기에 "진리는 하나가 아니다"라는 명제가 성립된다. 빛은 파장(진동)이며 동시에 입자이기도 하다. → 2원론이다.

3. 참고 - 정리:

"Quantum(양자·量子)"란?

질량과 에너지를 가질 수 있는 가장 작은 물질, 불연속적 객체가 모인 것.

매우 작음으로 우리 상식에 벗어난 속성을 가짐.

끊임없이 운동을 하며 입자와 파동의 속성이 동시에 있음.

전자(Electron), 광자(Photon) 등이 그 예가 됨.

실험적으로 증명되고 있으나 이해가 어려움.

원리를 응용한 제품들: Laser, LCD, MRI, Transistor, 전자현미경, 각종 전자제품 및 IC Chip

"양자의 속성"

1. Duality(이중성): 양자는 입자이며 파동이다.
2. Uncertainty(불확실성): 양자가 갖는 값은 예상할 수 없다.
3. Superposition(중첩): 양자는 여러 값을 동시에 갖는다.
4. Quantum Measurement(관찰 효과): 양자의 값은 계속 변하다가 관찰만 하면 값이 정해진다.

5. Quantum Entanglement(얽힘): 두 개의 양자가 서로 연관되어 양쪽의 값이 함께 정해진다.

6. Quantum Tunneling(터널링): 양자가 경계를 뚫고 움직인다.

7. Quantum Leap(양자 도약): 한 궤도에서 다른 궤도로 jump한다. 따라서 궤도 사이의 값은 존재하지 않는다.

8. Quantum Teleportation(양자 순간이동): 분자로 쪼개 움직임으로 한 객체가 다른 장소로 이동할 수 있다.

Chapter 3

알기 쉬운, 그리고 반드시 이해해야 하는
기본적인 뇌. 해부학

Chapter 3

알기 쉬운, 그리고 반드시 이해해야 하는 기본적인 뇌. 해부학

뇌과학을 이해하기 위한 최소한의 인간 해부학을 설명한다!!!

A. 뇌의 《구조》와 《기능》을 구별하고 연관하여 이해하자.

1. 뇌는 축구공처럼 생겼으며 1.5kg에 물렁물렁한 두부처럼 생겼다.

그러나 내면에는 여러 기관으로 나누어져 있지만, 작용은 하나로 통일하는 IT, 컴퓨터라고 생각한다.

2. 대뇌는 좌(Left)뇌와 우(Right)뇌로 구분되며, 대뇌는 좌·우가 강력한 전깃줄(Corpus Callosum)로 연결되어 있다. 반면 대뇌하부의 뇌는 완전히 붙어 있어 마치 하나로 보이나 속은 둘로 나누어졌다.

좌우의 뇌는 동시에 같이 작용하는, 즉 Synchronous action을 하지만 실제로는 좌측 뇌가 우성으로 우측 뇌를 조절한다. 그 이유는 좌측 뇌에서 언어(말)를 조절하기 때문이다. 운동작용은 좌우가 별개로 하지만, 좌측 뇌가 모든 것을 통제·조절하며 좌우가 교차해 작용한다. 우측 뇌는 공간, 감정에 예민하나 좌측 뇌는 논리, 언어에 예민하다.

도표 1)

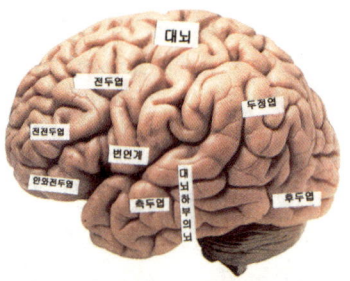

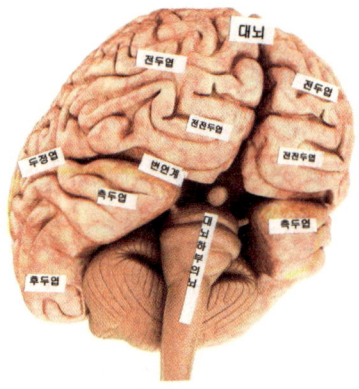

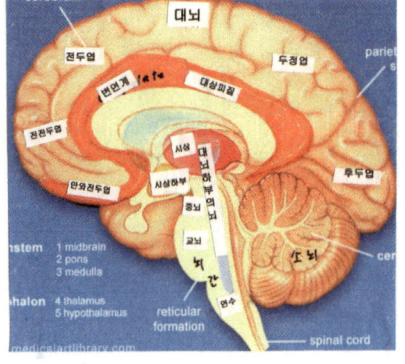

뇌(Brain)의 해부

대뇌(Cerebrum) -좌, 우
   전두엽 -(전전두엽)   운동의 뇌
   측두엽 후두엽 두정엽 감각의 뇌
변연계(Limbic System)
   전두엽 변연계 -안와전두엽 대상피질,
   측두엽 변연계 -편도체, 해마
대뇌하부의 뇌(Reptile Brain, 악어의 뇌)
   Subcortical Brain
간뇌 -시상, 시상하부
뇌간 -중뇌, 교뇌, 연수
척추

3. 그러므로 좌측의 뇌를 이해하면 모든 뇌를 이해하게 된다. 좌측의 뇌는 상·하, 즉 대뇌와 대뇌하부의 뇌로 나눈다. 대뇌는 다시 대뇌피질(Cortex)과 변연계(Limbic System)로 나눈다.

   변연계는 대뇌 속에 들어 있어 눈으로 구별하기 힘들다. 대뇌는 뇌의 약 85%가 되며, 대뇌하부의 뇌는 약 7%가 된다. (소뇌는 8%) 그러므로 소뇌는 제외하고 뇌는 대뇌피질 - 변연계 - 대뇌하부의 뇌로 3등분해서 상·중·하의 뇌로 나누는 것이 편하다. 대뇌피질은 인지작용과 운동의 일을 하며, 변연계는 인지와 정서(감정 + 인지)의 작용을, 대뇌하부의 뇌는 감성(느낌 + 욕망 + 감정)의 작용을 한다.

4. 한편 모양에 따라 대뇌(대뇌피질과 변연계)는 운동의 뇌와 감각의 뇌로 나눈다. 운동의 뇌 = 전두엽, 감각의 뇌 = (측두엽 + 후두엽 + 두정엽)로 나눈다.

운동의 뇌란 운동신경으로 되어 있으며, 운동신경은 Manage(운영, 조절)을 한다. 감각의 뇌란 감각신경으로 되어 있으며, 운동신경에 의해 조절을 받아 기억을 만들고 생각하는 실질적인 일을 하는 공장과 같다. 운동신경은 운전수(행정부), 감각신경은 자동차(입법부)라고 보면 된다. 즉, 기억(제품)을 만드는 일은 운동신경(일꾼)이 하나, 실제로 기억(제품)이 만들어지고 저장되는 곳은 감각신경의 뇌가 된다.

감각신경의 뇌는 1차 감각 뉴런(약 10~20%)과 2차 감각 뉴런(연합 뉴런, 중간 뉴런 - 약 80%)으로 되어 있으며, 1차 뉴런은 1차 의식에, 2차 감각 뉴런은 2차 의식에 사용된다.

5. 대뇌하부의 뇌:

대뇌 밑에 있으며 좌우가 하나로 붙어 있으나 실제로는 좌우로 나누어졌다. 간뇌(시상 + 시상하부 + 뇌하수체), 뇌간(중뇌 + 교뇌 + 연수)로 나눈다. 숨쉬고, 순환, 심장, 그리고 온도, 수분, 면역, 식욕 등을 조절하며, 대뇌의 각성을 조절하는 Vital 기관이다. 한편, 감성(느낌, 욕망, 욕구, 감정)이 이곳에서 생긴다.

6. 대뇌에는 의식 기억이, 대뇌하부의 뇌와 기저핵, 소뇌에는 무의식 기억이 들어 있다.

7. 대뇌에는 약 800억 개의 신경세포(뉴런)가 있는데, 운동세포

400억, 감각세포 400억이 되며, 신경세포(뉴런) 하나에 10,000개의 시냅스가 들어 있다.

8. 시냅스에는 기억이 들어 있으며, 기억은 개념을 만들며, 개념은 생각과 사고를 만든다.

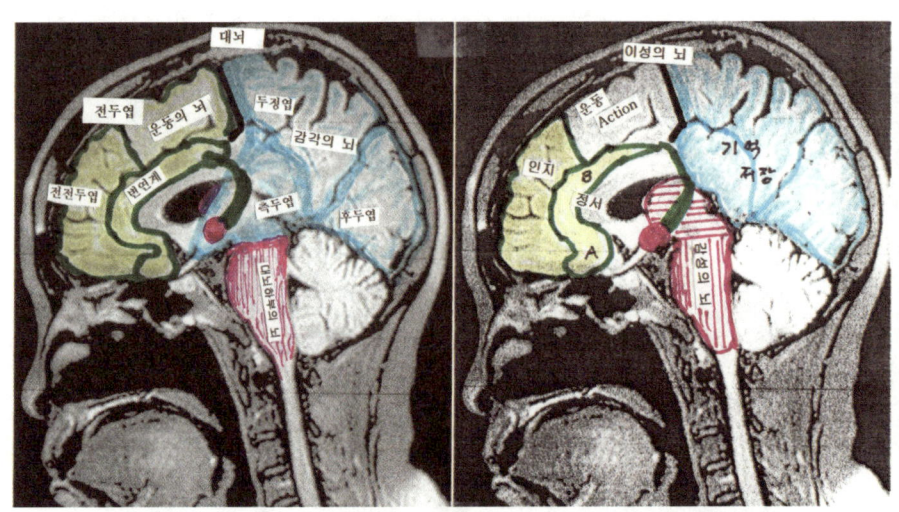

도표 2) 반드시 이해해야 할 해부학

왼편 도표 에서 구조를, 오른편에서는 그에 상응하는 기능을 표시한다.
   1) 대뇌와 대뇌하부로 구분한다.
   2) 대뇌는 대뇌피질(전전두엽)과 변연계로 나눈다.
   3) 대뇌는 운동의 뇌(전두엽)와 감각의 뇌로 나눈다.
   4) 대뇌는 전두엽과 두정엽, 측두엽, 후두엽으로 나눈다.

5) 전두엽은 전전두엽과 운동의 뇌 영역(Action 하는 부분)으로 나눈다.
6) 전전두엽은 앞에 있는 전전두엽(인지)과 밑에 변연계(정서A와 정서B)로 나눈다.
7) 결국 전전두엽에는 인지(Cognition 지·진), 정서A(양심, 판단, 도덕 - 의, 선)와 정서B(사랑, 정 - 미)로 나누게 된다.
8) 대뇌하부의 뇌는 시상, 시상하부(욕망, 욕구), 뇌간(느낌)으로 나누며, 이를 1차 감성이라고 부른다. 측두엽 변연계에 속하는 편도체는 감정(6가지)을 만드는데, 기능적으로는 대뇌하부의 뇌에 속해 1차 감성이 된다.

도표 3)

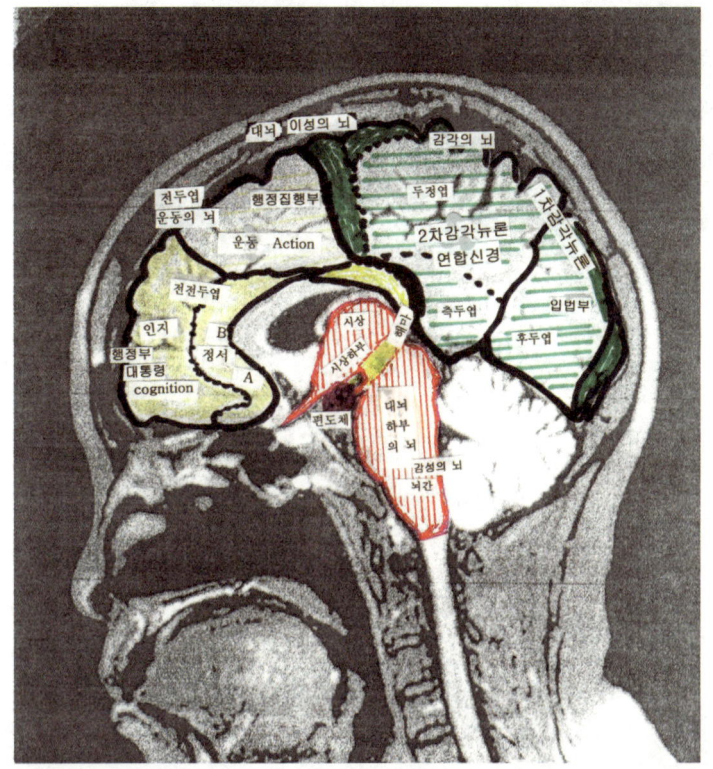

9) 측두엽 변연계에 속하는 해마는 기능적으로는 전전두엽에 속해 인지작용으로 기억을 만들고 저장하는 일을 한다.

10) 각의 뇌(두정엽, 후두엽, 측두엽)는 1차 감각신경 영역과 2차 감각신경 영역(연합 뉴런)으로 나뉘며, 이곳에서 기억을 만들고 저장하는 일과 이를 이용하여 생각하는 일을 한다.

도표 3)을 다시 음미하고 각각의 뇌의 영역을 종합하여 알기 쉽게 기능과 별명을 부쳐본다.

대뇌 = 이성의 뇌 / 대뇌하부 + 편도체 = 감성의 뇌

전전두엽의 인지기능의 뇌 = 인지기능 = 칸트의 뇌

전전두엽의 아래 부분 앞쪽, 정서A = 양심, 도덕의 뇌 = 플라톤의 뇌

전전두엽의 아래 뒷편, 정서B = 사랑, 한, 정 = 아리스토텔레스의 뇌

정서의 뇌란? 인지의 뇌와 1차 감성의 뇌가 만나 이루어진 의식 기억과 무의식 기억의 산물로, 행복, 한, 정, 스트레스, 도덕, 양심, 중독과 같은 내용이다.

전두엽의 남은 부분, 즉 운동 영역 부분은 행동(Action)을 하는 기능을 하는데, 행동이란 근육운동, 얼굴운동, 그리고 말을 하는 행동이다.

1차 감각 뉴런(10~20%)은 기억 형성을 위한 형상화, 즉 1차 의식에 작용하며, 2차 감각 뉴런(80%)은 1차 의식에 의해 만들어진 개념(기억)을 이용하여 일상적인 말, 이성적인 말, 그리고 감성적인 상상의 말을 만드는 즉 2차 의식의 기능을 한다.

플라톤-아리스토텔레스가 말하는 지(인지), 정(정서B), 의(정서A), 칸트가 말하는 진(인지기능의 뇌), 선(정서A), 미(정서B)로 구분하자.

뇌(의식 기억의 뇌 - 대뇌)에는 주소가 있다. (참고)

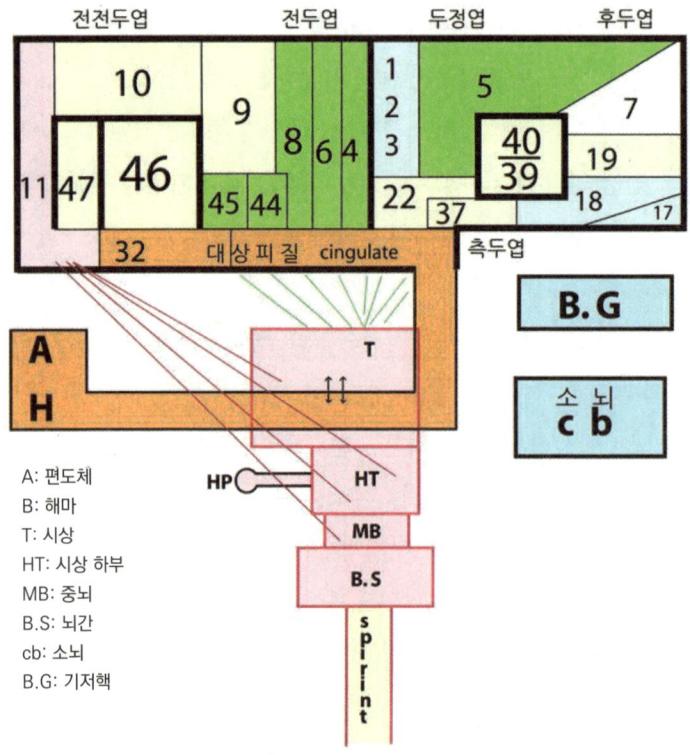

3. Dissect Brain & Map. : Brodmann's area(cytoarhitecure Map) Reevaluation by MRI-Connctome Map.
기타. Brain Map, Engram. Langram. Lexicon.

〈뇌-해부도〉

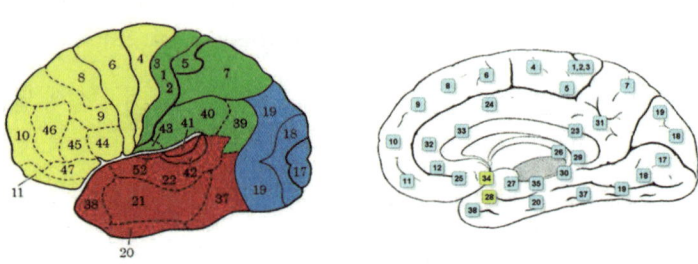

도표 4) 브로드만 영역

인지의 뇌: 9, 10, 46, 47 / 정서A: 11, 12, 25 / 정서B: 32, 33, 24 등으로 표시한다.

참고: 기타 시냅스, 코넥톰(연결하는 신경 섬유 - 전기줄) 등은 설명하지 않지만, 구글을 통해 공부를 하면 큰 도움이 된다. 위의 도표 1, 2, 3은 철저히 이해하여야 뇌 속에서 일어나는 의식을 이해하게 된다.

Chapter 4

에델만의 2가지 의식과 3가지 다른 생각-말

Chapter 4

에델만의 2가지 의식과 3가지 다른 생각-말

총론 〈Chapter 2. 의식과 생각, 역사적 고찰〉

A. 에델만의 의식(플라톤 - 칸트 이후)을 쉽게 이해하기 위한 준비 동작

임마누엘 칸트는 1781년에 『순수이성비판』에서 생각에 대한 이론을 발표하였다. 반면, 200년 후인 1995년 제럴드 에델만은 뇌·신경과학으로 인간의 의식을 2가지로 나누었다.

1차 의식: 사물에서 개념을 만들기까지의 과정

2차 의식(고차 의식): 개념을 말로 바꿔 생각으로 만드는 과정에 3가지 형태의 생각, 언어가 있음을 알게 됐다.

　　A: 일반적 생각 언어 (50%)
　　B: 이성적 생각 언어 (25%)
　　C: 감성적 생각 언어 (25%)

의식의 분류: 에델만의 1차 의식과 2차 의식을 쉽게 이해하기 위해 4명의 철학자와 과학자들을 초청하여 대화를 해 보기로 하자.

초청: 1st Group - 플라톤(Plato)과 아리스토텔레스(Aristotle)

참고: 먼저 이해해야 할 사항!!! 칸트의 인식론 복습

〈인간은 어떻게 사물을 5감각으로 보고 듣는가?〉를 먼저 이해하자. 칸트의 인식론에 에델만의 두 개의 의식을 같이 설명한다.

인간은 밖에 있는 사물(자연)을 눈(시각)으로 보는데, 그 사물을 통째로 눈에서 보는 것이 아니다.

칸트는 인간이 밖에 있는 〈사물〉을 5감각(시·청·촉·후·미)을 통해 인식(Recognition)할 때 사물을 아주 작게 분해하여(색깔, 형태, 밀도 또는 분자, 원소로 작게 분해하여 정보 또는 데이터라는 이름으로) 뇌 속(전전두엽)에서 조립하여 밖의 사물처럼 〈형상화〉한다고 보았다. 그리고 그 형상화된 것이 무엇인지를 〈추론〉에 의해 알아맞추게 된다.

이렇게 뇌에서 다시 형상화된 사물은 밖의 실제 사물과 대부분 똑같다고 본다. 이렇게 형상화된 사물을 행동으로 처리한 후 감각의 뇌에 기억으로 저장하게 된다.

이렇게 유사한 기억들은 개념으로 범주화된다. 기억(개념)은 한 장짜리, 이야기가 들어 있는 한 장짜리 스냅사진으로 저장된다. (시각적 그림)

범주화된 개념은 〈참, 진리〉이기에 플라톤과 칸트는 개념(Idea)이라고 칭했다.

이렇게 개념화되어 저장하기까지를 에델만은 〈1차 의식〉이라고 불렀다. 개념은 현대말로 단어(Word)에 해당하며 인간의 뇌에는 약 10만 개가 존재한다.

여기까지는 인간은 누구나 거의 같지만, 문제는 개념이 말이라는 시간적 매개체를 통해 이야기(문장)가 되어 입 밖으로 나오는 과정에서(2차 의식 – 고차 의식이라고 함) 3가지 현저한 생각의 차이가 생긴다. (에델만)

초청: 플라톤과 아리스토텔레스가 어느 여름밤 아테네에서 만나 차를 마시며 밤하늘을 바라보게 되었다.

〈1차 반응〉
두 철학자들은 눈을 뜨고 하늘을 바라보다가(인식이라 함) 마침내 총총히 빛나는 별 하나, 북극성을 같이 보게 되었으며, 그들의 뇌 속에 그림으로 저장하였다.

해설: 에델만은 여기까지의 사고, 즉 북극성을 보고 북극성을 형상화하고 북극성이라는 것을 추론으로 알고 한 장짜리 그림으로 그들의 뇌 속에 개념으로 저장시킨 것까지를 1차 의식이라고 부른다.

〈2차 반응〉: 말로 표현하는 과정
가: 두 사람은 차를 한 잔 마신 후, 똑같은 별을 보며 별에 대한 평범한 말을 한다.

"저 보이는 별은 북극성입니다. 총총히 빛나며 저기 저 북쪽에 있습니다."라고 플라톤이 말하자, 아리스토텔레스도 "저도 스승님이 보는 저 별, 북극성을 보고 있습니다. 아주 스승님이 보는 별과 제가 보는 별은 아주 똑같군요."

그 둘은 동시에 같은 별을 똑같은 모양으로 보고 있음을 확인했다.

"그런데 어찌하여 나와 자네는 똑같은 모양으로 보게 될까?" - 플라톤의 질문

"그러게요, 왜 똑같지요?" - 아리스토텔레스의 대답

"저 별은 1년 전이나 지금이나 똑같은 모양에 똑같은 강도의 빛을 가지고 있으니, 변함없는 진리, 참이니 Idea(이데아)라고 부릅시다."라고 플라톤이 말하자, 아리스토텔레스도 동의하였다.

→ 2차 의식의 '개념의 연속'이라고 부른다.

나: 잠시 후, 플라톤의 반응 〈2차 의식의 두 번째 경우에 해당함〉

"저 별은 우주의 한 별이며, 북극성이라고 하며 그 자리가 늘 일치한다. 저 별은 다른 별들과 한 그룹이 되어 은하계가 된다. 물론 비가 오거나 구름이 끼는 날에는 별을 볼 수가 없다."

→ 이렇게 말(언어)을 통해 그가 머릿속에 생각하고 있는 개념을 지식적으로 보강, 더 자세하게 설명하였다.

해설: 이렇게 1차 의식의 개념(머릿속에 있는 개념)을 말(언어)을 통해 머리 밖으로 나오는 과정을 2차 의식이라고 한다.

그런데 1차 의식의 개념을 말로 표현할 때 "가:"에서는 개념을 있는 그대로 설명하였다.

→ 필자는 이것을 '개념의 연속'이라고 부른다.

"나:"에서는 설명을 지식적으로 확장·보강하였다. 그러나 '별'이라는 개념은 변하지 않은 상태로 있다.

→ 필자는 이 경우를 '2차 의식의 개념 확장'이라고 부른다. 그리고 사고로 보면 이성적 사고에 속한다.

컴퓨터(AI) 용어로 말하면 알고리즘, 디지털, 머신러닝에 해당한다. * (컴퓨터·AI 용어는 뒤에서 설명한다.)

다: 아리스토텔레스의 반응 〈2차 의식의 세 번째 방법 – 상상에 의한 방법임〉

아리스토텔레스의 2차 반응은 플라톤과 100% 다른 반응이다.

"와, 북극성은 사라지고 멀리 마케도니아에 있는 내 집과 어머니가 보이네. 어머니가 보고 싶네. 그리고 나는 별을 보면서 행복, 카타르시스를 느끼고 있네."라고 아리스토텔레스는 말했다.

해설: 플라톤과 비교해 보면 전혀 다른 반응이다. 어머니와 고향, 그리고 '행복한 마음'이라는 아주 엉뚱한 '상상'의 말이다.

별이라는 개념에서 떠나 아주 엉뚱하게도 어머니, 행복, 고향을 말하고 있다.

언어를 통해 개념을 묘사적·상상적으로 표현(이미지 형성)을 했기에, 같은 2차 의식(고차 의식)이라도 개념의 확장을 하는 플라톤과는 아주 다르다.

감성적·시적·비과학적인 사고에 해당한다. 컴퓨터·AI에서는 아날로그, Deep Learning에 해당한다. (딥러닝, 아날로그는 뒤에서 설명함.)

* 참고: 〈플라톤과 아리스토텔레스의 논쟁〉

플라톤은 1차 의식의 개념을 존중하였다. 개념은 참이고 변함이 없기에(1차 의식), 이 개념을 부풀려서 말로 표현하다면(2차 의식으로) 개념 → 지식 → 형이상학 → 이론이 된다. (2차 의식의 확장이 된다.)

그런데 아리스토텔레스는 똑같은 개념을 상상(2차 의식)하여 1차 의식의 개념을 완전히 다른 개념(어머니, 행복)으로 변형(Imagination - Metaphor)하였으며, 이를 이용하여 시를 쓰게 되었다.

플라톤은 상상을 하여 시를 쓰는 사람을 미친 사람(광인, 狂人)이라고 폄하하여, 2차 의식 중 두 번째 방법인 "2차 의식의 확장"을 사용하는 개념주의자(철학자, 과학자)들을 존중하고, 2차 의식의 세 번째 방법 즉 상상을 사용하는 시인들은 아테네에서 추방하였다.

반대로 아리스토텔레스는 2차 의식 중 상상을 존중하여 『시학』을 창시하였다.

초청 2nd group: 아인슈타인 박사와 시인 윤동주

이번에는 아인슈타인 박사와 시인 윤동주를 가을밤에 초청하여 밤하늘을 바라보게 했다.

1차 반응 (아인슈타인과 윤동주) - 개념 형성, 1차 의식: 누구에게나 똑같다.

마찬가지로 아인슈타인과 윤동주는 북극성(별)을 보게 되었다.

둘은 똑같은 반응을 하였다. 저기 보이는 별을 형상화하고 그것이 북극성이라는 것을 추론으로 알게 되고, 그 북극성을 그림으로 머릿속에 개념으로 저장하였다. (→ 1차 의식이다.)

2차 반응 - 역시 3가지 다른 반응이 나온다. 머릿속에 있는 북극성을 떠올리며 말을 한다.

가: 둘 다 별에 관한 평범한 얘기를 한다. (개념의 연속 - 일반 언어)
"아, 어두운 하늘에 빛나는 별이 있네요. 제게는 북극성이군요."
둘 다 똑같은 내용의, 있는 그대로 설명한다. → 개념의 연속

나: 아인슈타인의 반응 (2차 의식의 개념 확대의 경우)
"별 하나가 태양계가 된다. 1,000억 개의 태양계가 모이면 은하계가 되고, 1조(1,000억 개?) 개의 은하계가 모이면 우주이다. 우주는 하나가 아니고 여러 개가 된다. 별을 보노라면 퀀텀 물리학이 생각난다."
그 후 그는 상대성 이론을 집필했다.
→ 개념의 확장에 해당된다. 과학적·이성적 사고의 반응이다.

다: 시인 윤동주의 반응 (100% 다른 반응이다: 2차 의식의 상상의 경우)
밤하늘의 별을 보고 또 보노라니, 문득 별은 사라지고 어머니의 얼굴이 떠오른다.
"어머니! 어머니!" 그는 어머니를 불러본다.

문득 별 하나에 이국(만주)의 소녀들의 얼굴이 떠오른다. 그리고 지금은 시집가 아이를 낳았을 그 집 애들의 얼굴이 떠오른다.
그 소녀들, 팽·옥·경이다.
그날 밤 윤동주는 시 「별 헤는 밤」을 한 편 창작했다.

"가을이 지나가는 하늘에는 / 가을로 가득 차 있습니다.
나는 아무 걱정도 없이 / 가을 속의 별들을 다 헤일 듯합니다.
가슴속에 하나둘 새겨지는 별을 / 이제 다 못 헤는 것은
쉬이 아침이 오는 까닭이요 / 내일 밤이 남은 까닭이요
아직 나의 청춘이 다하지 않은 까닭입니다.
별 하나에 추억과 / 별 하나에 사랑과
별 하나에 쓸쓸함과 / 별 하나에 동경과
별 하나에 시와 / 별 하나에 어머니, 어머니…"

1차 의식인 별(개념 - 그림으로 저장되어 있는)을 사용해 2차 의식으로 바꿀 때, 아인슈타인과는 달리 '별'이라는 개념은 아예 '어머니'와 만주에서 같이 공부한 팽·옥·경으로 변형하는 상상이 들어 있다.

- **아인슈타인과 윤동주의 차이**

아인슈타인의 2차 의식은 1차 의식의 개념을 알고리즘, 디지털한 것으로 표현한 것으로, 개념에서 벗어난 것이 없으며 과학적·이성적인 사고이다.

반면 윤동주의 2차 의식은 상상(메타포, 이미지)에 의해 본래의 개념은 아주 없어지고, 완전히 다른 개념으로 변형 (형상화 - 이미지)되었으며 감성적, 시적, 비과학적 사고에 속한다.

B. 풀라톤-칸트-에델만으로 이어지는 사고에 대한 정리

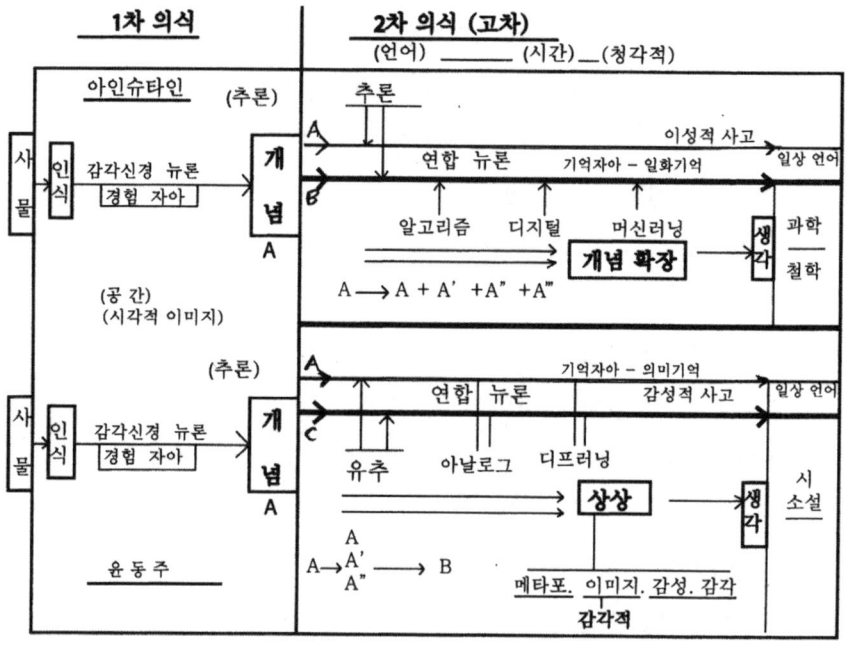

이상 2개의 초청 그룹의 반응을 도표로 정리해보자.

(1) 〈1차 의식〉은 4명이 모두 일치하여 하나로 동의하는 형상화된 기억-개념이 된다. 말이 필요 없는 단계이다.

(2) 그러나, 말로 표현하는 2차 의식에서 플라톤, 아인슈타인은 본래의 개념에 충실하고 확장하여 더 과학적, 보편적, 객관적 즉 이성적인 사고를 하였다. 반면 2차 의식에서 아리스토텔레스, 윤동주는 아주 비과학적, 주관적, 구체적인 사고로 즉 상상을 하고 있다. 감성적 사고를 하였다.

〈정리하면〉

1차 의식이란 - 인류 누구나 비슷하다. 즉 사물을 보아(인식) 뇌에서 형상화시켜 개념으로 만들어 뇌 속에 저장시키기까지를 말한다.

2차 의식은 - 뇌 속에 저장되어 있는 1차 의식의 개념(기억)을 기본으로 해 말(글)로 바꾸어 뇌 밖으로 내보내는 작업으로 3가지 방법이 있다.

1. 첫 번째 방법 - 〈개념의 연속〉 - 인류가 평상적으로 쓰는 일상적 언어 (-Story Telling)이다.

한 장짜리 그림으로 된 개념들을 시간적 순서대로, 말로 History telling, 즉 서술하는 방법으로 사람이 사용하는 전체 언어의 50~75% (누구나 하는 기본 언어)가 된다.

예: 플라톤, 아리스토텔레스, 아인슈타인과 윤동주는 똑같은 말을 했다.

"저기 하늘에 별이 보인다. 반짝인다. 저 별은 북극성입니다."와 같은 아주 단순한 문장의 설명, 즉 머릿속에 있는 개념들을 있는 그대로, 순서대로 History telling 했다.

2. 이성적(두 번째) 사고 - 25% - 과학자적 언어(개념의 확장)

그러나 플라톤과 아인슈타인은 별(개념)을 더 자세하게 지식적으로 확대해서 설명했다. 개념은 변하지 않고 더 커진 개념이 됐다. 내용이 부풀어지고 전문화되었다. 같은 형상화에서 같은 형상을 유지한다.

A와 B는 개념의 연속, 확장으로 결국 하나의 언어로 보는 편이 좋을 듯하다.

3. 감성적 사고(세 번째) – 25% – 시인적 언어(개념의 변형)

아리스토텔레스와 윤동주는 개념(별들…)을 완전히 다른 것으로 바꿔 "어머니, 여학생, 고향집"으로 말을 했다. (형상화된 개념에서 다른 이미지(상상-은유)를 만드는 언어)

Pathos에 해당한다. "형상 → 이미지로 변형된다."

C. 결국 인간은 3가지(A·B·C) 언어(생각)를 하나의 뇌에서 동시에 필요에 따라서 선택해 혼합하여 사용하게 된다.

예를 들어 보자: 예-1)

말하는 주인공은 윤동주 시인:

밤하늘을 바라보다 보니 북극성을 보게 되어, 그 북극성을 형상화하여 북극성으로 알고 뇌 속에 기억(개념)으로 저장하였다. — 여기까지는 1차 의식이라고 한다.

잠시 후, 기억 속의 그 북극성을 떠올린다. 여기도 1차 의식이다.

1차 의식 상태의 기억 개념은 윤동주의 머릿속에 들어 있는 의식이다.

그다음에 윤동주는 기억에 떠 있는 북극성을 가지고 말을 한다. 말을 하는 과정을 2차 의식이라고 하며, 말은 입 밖으로 나와 비로소 생각, 사고가 된다.

입 밖으로 나올 때 3가지 형태(A·B·C)로 나온다는 말이다.

윤동주의 말:

"나는 저기 북극성을 바라봅니다. 며칠 전에 보았던 그 별입니다."

→ A

"그런데 저 북극성은 늘 한곳에 머물고 있어 마치 나침반과 같습니다. 북극성은 하나의 태양계와 같으며 1,000억 개의 태양계가 모이면 은하계가 됩니다." → B

"그런데, 저 북극성을 보노라니 어머니의 얼굴이 보입니다. 나의 어머니는 하늘에서 내려온 천사입니다." → C

A는 북극성을 있는 그대로 가감 없이 일상의 말로 서술하는 개념의 연속이다.

B는 북극성을 조금 더 확대하여 설명하고 또 확장하는 개념의 확장이다. 그러나 북극성을 그대로 유지하며 한 말이다. 필자는 A와 B를 같은 언어로 취급해도 좋다고 본다.

C는 북극성이라는 개념이 완전히 바뀌어 어머니의 얼굴이 되었다. 게다가 어머니를 천사라고 은유 - 이미지로 표현했다.

⟨경우⟩:
화자 윤동주는 A와 B를 말할 수 있고 A와 C를 말할 수 있다. 아니면 A·B·C를 다 말할 수 있다.

여기서 A는 공통적인 말이며 단지 서술을 한 것일 뿐, 이성적·감성적이 되지는 않는다. A와 B를 하나의 언어로 봐도 좋을 듯하다. (자아가 살아 있고, 서술적 일화 기억이기 때문이다.)

B를 많이 얘기하는 경우 이성적(과학적, 객관적, 보편적) 생각·사고가 되며 C를 많이 얘기하면 감성적(비과학적, 상상적, 주관적, 구체적) 생각·사고를 하는 사람이 된다. (묘사적 의미 기억)

말은 (서술적 일화 기억 or 묘사적 의미 기억)에 따라 **서술(설명, 논술)**

과 묘사(시) 그리고 **서사**(소설)가 된다.
이상은 다시 문학에서 계속 설명이 됩니다.

예-2) 한 편의 시 「마음」 김광섭
내 마음은 고요한 물결 / ------------ 은유(상상)
바람이 불어도 흔들리고 / ----------- 묘사(개념의 확장, 상상)
구름이 지나가도 그림자 지는 곳 / ---- 묘사(개념의 확장, 상상)
돌을 던지는 사람 / 고기를 낚는 사람 / - 묘사(개념의 확장)
이 물가 어지러울까 / --------------- 묘사, 상상
밤마다 꿈을 덮노라 --------------- 묘사, 상상

시, 소설에는 상상(은유, 직유, 상징 등)과 이미지 형상이 가득 들어 있어 문학이 된다.

필자의 말: Miracle 같은 뇌·신경과학!!!
개념의 연속과 확장은 빛의 입자로 된 형체가 있는 물질(개념)로 과학과 철학이 되지만, 이렇게 이미지(상상)로 바뀐 문학은 "빛의 파장, 파동"이며, 신경세포의 시냅스에서 전기·화학 작용으로 인간의 감각세포를 자극하여 감동을 주고 기쁨을 준다고 하는 사실을 알게 되면 감격적이지 않을까?
눈에 보이는 밖의 사물들과 5감각에 의해서 인식된 감성들이 전전두엽과 감각신경세포의 뇌(2차 뉴런 영역)에서 1개의 뉴런, 2개의 뉴런, 그리고 3개의 뉴런이 서로 작용하여(추론과 유추 그리고 작업 기억) 이렇게 아름다운 시·소설이 창조된다는 것을 뇌·신경과학을 통해 알게 된

다는 것은 기적이 아니겠는가?

칸트가 살아 돌아와 알게 된다면 그는 뭐라고 말하며 놀랄까?

그러기에 문인은 제2의 창조자가 되는 게 아닌가?

참고 - 아주 중요한 내용임

1. 개념과 관념, 이성적(과학적)과 감성적(상상적), 분자(입자)와 양자(파장)에 대해서 반드시 이해하고 본서를 계속 읽기를 권한다.
2. 형상화된 것은 개념(〈눈에 보이고 물건, 입자-분자로 된 것〉)과 관념(〈눈에 보이지 않고, 양자-파동〉)으로 구분된다.
3. 개념은 이성적(과학적, 추상적, 구체적, 객관적)이며 사물로 눈에 보이므로 분자(입자)로 되었다. 반면 관념은 감성적(비과학적, 구체적, 주관적)이며 상상적, 정신적이다. 눈에 보이지 않고(청각적, 촉각, 후각, 미각) 양자와 파동으로 되어 있으며 역시 존재한다.
4. 인간의 5가지 감각 중 시각은 전체 감각의 75%에 해당하며 고대로부터 모든 것을 시각에 맞춰 생각해 왔기 때문에 개념과 관념이 나뉜다.

Chapter 5

에델만의 1, 2차 의식과 3가지 언어 (본론)

Chapter 5

에델만의 1, 2차 의식과 3가지 언어 (본론)

A. 의식과 의식의 분류(에델만) - 본문

플라톤과 칸트와 같은 철학자들이 연구했던 "인간은 어떻게 생각하는가? 생각과 사고의 종류, 개념과 상상"을 지금까지 설명을 했는데, 이번 항목에서는 제랄드 에델만이 1995년 『뇌·신경과학과 마음의 세계』에서 발표한 논서를 설명하면서 필자의 다른 의견을 첨부해 논술한다. 뇌·신경과학과 양자역학을 같이 설명하려고 한다.

1. 1차 의식(Consciousness)과 의식이 되는 경로와 종류, 특징
도표를 보면서 설명을 하겠습니다. 〈에델만의 이론 자세히 설명함〉

밖에 있는 사물(사과)을 눈으로 본다. 그 후 - 시신경 - 시상 - 후두엽 - 해마를 거쳐 - 전전두엽에서 형상화(재현, Represent)되고 - 개념으로 감각의 뇌 연합신경에 저장된다. 여기까지를 1차 의식이라 함.
경로 설명 (도표의 화살표를 참조)

1) 1차 의식(First Line Consciousness)이 되는 과정
비교 설명:
칸트는 사물(물질, 관념)을 5가지 감각으로 인식하여 뇌에서 형상

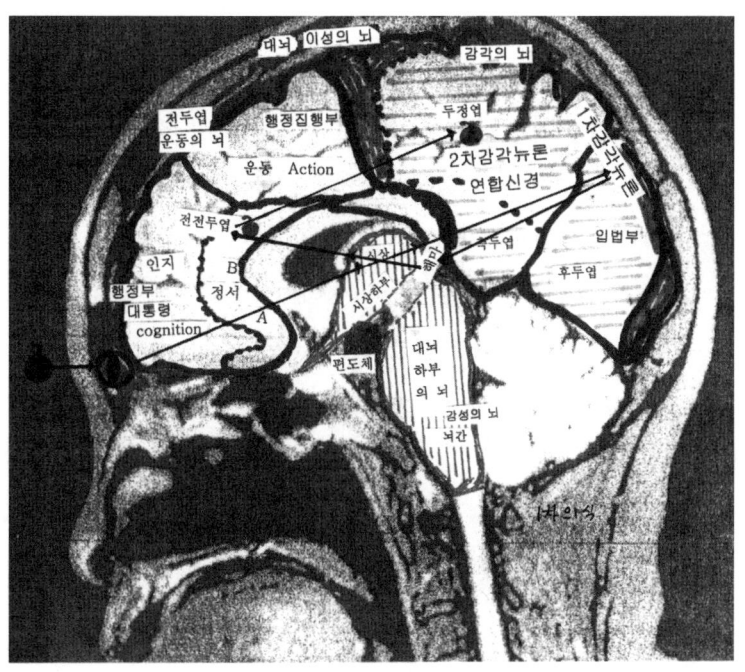

화(재현)한 사물을 기억과 개념으로 하여 뇌에 저장한 후, 이들 개념을 확대하여 지식으로 발전시키는 것을 오성이라 했으며, 더 큰 지식으로 발전한다고 했다. 칸트는 상상도 인정하여 상상으로 발전하는 Process도 같이 설명하였다.

그러나 에델만은 개념으로 저장되기까지를 1차 의식이라고 했으며, 그 후 말로 전환되는 과정을 2차 의식이라고 분류했다.

〈에델만의 설명, 이론〉

a. 사물: 밖에 있는 물질을 사물(비자아, 자연)이라고 하며, 5감각(감각신경)에 의해 인식되게 된다. 인간은 사물을 대하면, 내부 감각 즉 경

험자아(Self-id)는 사물을 향한 욕망을 갖게 된다.
경험자아란? 내장감각, 뇌간(느낌), 시상하부(욕망), 편도체(감정)에서 생긴 1차 감성이 사물에 대한 욕망을 표시한다.
사물과 경험자아는 측두엽 변연계의 해마에서 만나게 되며 편도체에 의해서 지각(Perception)을 형성한다.
양자역학에 의하면 사물은 원자에 의해서 만들어지며 빛의 색깔에 의해서 인식된다. 형체가 없는 사물을 관념이라고 하며, 청각, 미각, 후각 신경에 의해서 형상화된다. 그러나 시각적 형체가 아니므로 정신적이라고 생각해 왔다.
도표: 사물은 인간의 몸 밖에 있는 물질이다.
칸트의 이론에서처럼, 밖의 사물을 빨간 사과로 하자.

b. 인식(Recognition)
사물(관념)은 5가지 말초 감각신경(외부 감각 - 시·청·후·미·촉)에 의해 인식된다. (이때 사물을 비자아라고 한다.)
5가지 외부 감각 외에 3가지 내부 감각이 있다.
3가지 내부 감각: 내장감각, 평형감각, 위치감각. 이들 3가지 내부 감각은 뇌간 근처에서 느낌(Feeling)을 만들어낸다. 느낌은 직접 뇌섬엽(Insula)을 거쳐 대뇌피질로 올라가 의식 기억에 작용을 한다. 느낌은 동기를 만들고 항상성(Homeostasis)을 유지한다. 시상하부와 편도체에서 욕망, 감정을 만들어낸다.
인식은 2가지 형태로 된다.
이성적 인식: 사물을 인식할 때 이성적이어서 이성적 사고를 만들게 된다.

감성적 인식: 감성적 인식으로 감성적 사고, 상상을 만들게 된다.

* 주: 칸트가 합리론과 경험론을 통합한 것은 '인식'을 이해했기 때문이다.

사물의 인식: 통째로 인식되지 않고 아주 작은 분자, 원자로 인식이 되며, 색과 형체, 움직임도 작게 인식되어 망막을 통과해야 한다. 감각신경으로 전달되려고 하면 아주 작은 분자, 원자 등으로 분해되어야 한다.

정보: 이렇게 잘게 잘라진 것을 정보(Information)라고 한다. 컴퓨터, AI, 양자역학에서는 '정보' 또는 '데이터'로 불린다. 정보는 말초 뇌신경(Cranial Nerve)을 통해 시상으로 들어간다.

- 빨간 사과는 인식될 때, 잘게 분해된다. 색깔, 모양대로, 분자의 크기, 원자의 크기로 잘게 분해돼 정보가 된다.

c. 시상(Thalamus)
- 빨간 사과가 드디어 말초 감각신경을 타고 정보로 중추신경의 첫 관문인 대뇌하부의 뇌의 가장 윗부분인 시상(Thalamus)으로 들어왔다.

시상은 감각신경을 받아들이고 선별해서 2곳으로 전달한다.

첫째는 대뇌하부의 뇌의 시상하부, 편도체로 보내 감성을 만들게 한다. 1차 감성인 욕망, 감정에 자극을 주게 된다. → 후에 전전두엽으로 올라가 영향을 주게 된다. (경험자아 - ID = 원초자아)

둘째는 대뇌의 뒷부분, 1차 감각신경 뉴런으로 정보를 전달해 준다. 빨간 사과는 후두엽의 1차 신경 뉴런인 #17 1차 시각 영역으로 보낸다. 감각신경이므로 100% 똑같이 전달해 준다.

시상은 역시 이성적 전달, 감성적 전달을 하게 된다. 눈으로 보아 후두엽까지 도달하는 시간은 0.1초이다. 시상은 신경 전달의 중앙부로 마치 오케스트라의 지휘자와 같은 위치에 있다.

d. 1차 감각신경세포(5감각이 작용하는 곳)

대뇌 뒷부분에 있는 청각, 촉각, 시각의 1차 신경에 접속하게 된다.
빨간 사과는 대뇌의 뒷부분에 있는 후두엽의 #17(1차 시각영역)번으로 전달되어 여기서 색깔, 모양을 정보로 받아 측두엽 변연계에 있는 해마로 전달한다.

- 빨간 사과에 대한 정보를 해마로 보낸다.

참고: 1차 감각신경 뉴런과 2차 감각 뉴런(연합 뉴런)은 큰 차이가 있다. 1차 감각 뉴런은 100% 감각신경이므로 정보를 받아서 그대로 전달해 준다. 1차 의식에 기여한다.
연합신경은 감각과 운동신경이 합쳐 있는 특수한 신경으로 추론, 유추를 통해 2차 의식에서 개념의 확장과 개념의 변형으로 상상을 한다. 연합신경은 기억을 만들고 저장하는 신경 영역이다.

e. 해마(Hippocampus): Encoding과 Store 기능

해마는 감각신경에서 운동신경으로 들어가는 관문으로, 기억의 시작이 된다. 해마의 기능은 Encoding(부호화)하는 것이 우선이다. 감각신경에서 받은 정보를 판단하여 기억으로 할 것인가를 결정하게 된다. 해마(기억의 회로)는 같이 붙어 있는 편도체(감정의 회로)와 긴밀히 작용한다. → 편도체와 강한 반응

해마는 측두엽 변연계에 속하지만, 기능은 인지기능에 속하게 된

다.
- 사과라는 정보를 받아 전전두엽의 인지기능의 뇌(#46)로 보내게 된다.

f. 인지기능의 뇌(전전두엽 - Prefrontal Cortex)

사과라는 정보가 드디어 전전두엽에서 형상화되어 모습을 나타나게 된다!!!

전전두엽은 인지기능의 중추로 5가지 절대적인 기능을 한다.

1) 항상성 유지 - 인간을 위기에서 조절하여 존재를 유지하는 기능
2) 모방
3) 메타인지(상상적 - 변형)
4) 기획, 계획, 실행(이성적)
5) 충동, 감정 억제 작용(감성과 이성의 결합)

전전두엽으로 들어온 정보는 마침내 조립을 하여 재현시키는 것을 형상화라고 한다. (칸트의 논리) 형상화된 이미지는 사물과 거의 같거나 100% 같다. 칸트는 이를 참(Truth, 진리)이라고 했으며, 플라톤은 idea(개념)라고 했다.

〈그러면 왜 사물과 형상은 또 같은가?〉
→ 답: 사물이 감각신경세포에서 인식되고 전달되었기 때문에 똑같은 결과를 만든다.

〈이렇게 만들어진 형상이 무엇인가를 뇌는 어떻게 하여 알아맞추는가?〉

→ 답: 컴컴한 뇌속에서 형성된 이 형상이 과연 무엇인가를 어떻게 뇌는 알아내는가?

뇌는 추측(추론 - Inference)을 하는 수밖에 없다. 전전두엽은 운동신경이기 때문에 감각신경의 연합뉴런에 저장되어 있는 기억 중에서 비슷한 것을 찾아 전전두엽으로 불러온다. 이렇게 불러오는 기능을 "작업기억(Working Memory)"이라고 부른다.

그러면 전전두엽의 인지영역(#46번 영역)은 "아, 이것은 전번에 들어와 저장된 사과(Apple)와 비슷한 것"을 알고, 즉 "빨간 사과 = Red Apple"인 것을 알게 된다. 그리고 빨간 사과를 감각의 뇌 중 연합 뉴런에 또 다른 기억으로 저장을 한다.

다음번에는 이와 비슷한 파란 사과(사물)를 보고(인식) 역시 감각신경 → 해마를 거쳐 전전두엽에서 형상화하여 "파란 사과"를 알게 된다.

이렇게 사과라는 사물을 여러 차례, 다른 형상으로 기억 저장하다 보면 사과라는 개념으로 범주화(Categorization) 되어 개념(단어)으로 저장되는데, 한 장짜리 그림 또는 사진으로 즉 시각적 이미지로 감각신경의 뇌(연합뉴런)에 Lexicon(사전)으로 저장된다.

1차 의식이 생기는 시간은 0.25초가 된다.
1차 의식은 공간을 이용한 의식이기에 시각적 이미지로 나오며 저장된다.

• 칸트는 인간은 공간과 시간으로부터 자유롭다라고 한 이유가 여

기에 있다. 공간은 1차 의식이며, 시간은 2차 의식이다. 여기까지의 경과를 에델만은 1차 의식이라고 부른다.

- 비교: 칸트는 개념의 형성 후에 좀 더 커지는 개념을 지식, 즉 오성이라고 불렀으며 논리·논문 등으로 변한다고 했다. 이성으로 이해가 되지 않는 경우를 형이상학이라고 했다.
한편, 어느 개념은 상상이 돼 다른 감성적인 생각이 된다고 했다.
칸트는 개념의 확장과 상상은 알았지만 이것이 에델만이 말하는 2차 의식이라고는 생각하지 못했다.

2) 1차 의식의 특징

"에델만과 같은 위대한 학자를 내 눈으로 볼 수 있었는데 필자에게는 큰 영광이었고 행운이었다."

필자가 내과·신경과 개업을 하였던 남가주 가든그로브에서 멀지 않은 샌디에이고, 라호야(San Diego, La Jolla)에 있는 Scripps 병원에 뇌과학연구소가 있으며, 그곳에 에델만이 소장으로 40여 년을 연구하였다. 수수한 복장을 하고 가끔 UCI(얼바인 의대)에서 특강을 하였기에 그를 직접 볼 기회가 있었다.

임상을 하는 필자는 기초의학인 뇌과학 강의를 들으면서 큰 도움을 받지 못했으나, 소설가로 등단하고 은퇴 후 기초과학을 다시 공부하면서 에델만의 이론, 『명저: 뇌·신경과학과 마음의 세계』를 읽으면서 필자는 큰 깨달음이 있었다.

그의 이론, "1차 의식과 2차 의식(고차 의식)을 이해하면 문학을 쉽게 이해하게 된다"라는 깨달음이었다.

1차 의식 도표

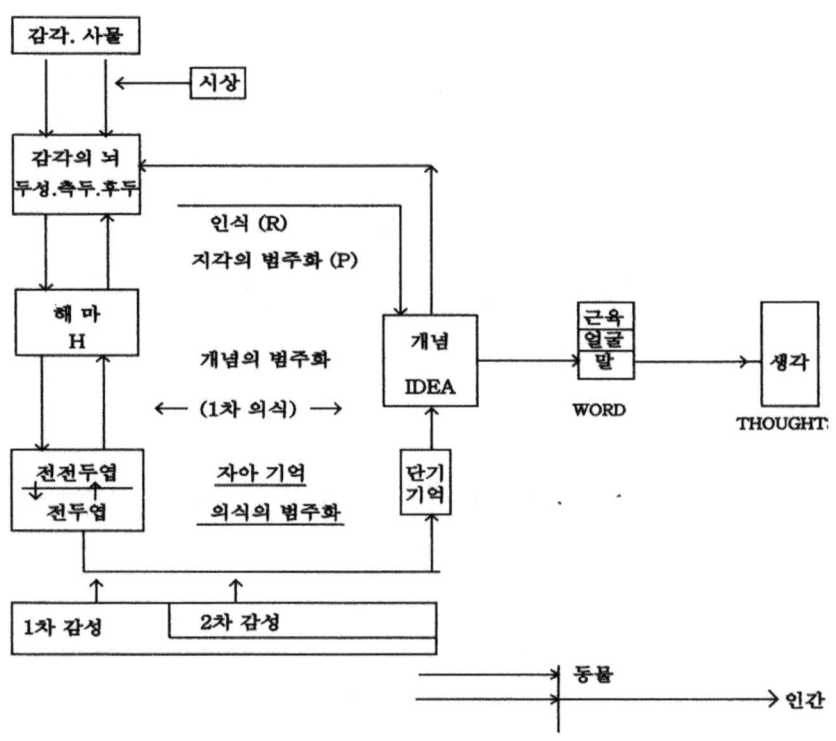

　도표(에델만)에서 보듯이 사물이 인식이 되어 전전두엽에서 형상화-기억-개념이 되기까지를 1차 의식이라고 한다. 결국 1차 의식은 머릿속에서 존재할 뿐이며 의식은 수시로 변하고 머리에서 떠오른다. (의식의 흐름이라 함 — 정의)

　"윤동주 시인이 밤하늘의 별을 보다가 북극성을 특별히 보고 저장하기까지이다."

a. 1차 의식의 특징

① 동물과 인간이 다 갖고 있다. (여기까지는 동물과 인간은 같다.)
② 공간을 이용한 의식으로 시각적으로 형상화하고 시각적 이미지로 저장한다.
③ 한 장짜리 그림, 사진으로 저장한다.
④ 경험자아(원초자아, Id — 욕망, 욕구 등 아주 저급한 자아)가 1차 의식에 작동한다.
⑤ 저장된 기억, 개념은 현재만 존재하는데, 저장될 때는 과거로 저장되나 인출될 때는 현재로 된다. → 현재만 있는 기억 – Short Memory(단기기억)이라고 한다.
⑥ 1차 의식과 같이 작동하는 경험자아, 즉 1차 감성은 자율신경, 반사작용으로 작동한다.
⑦ 범주화된 개념은 단어에 해당하며 Lexicon으로 저장된다.
⑧ 1차 의식은 그림에 아주 중요하다.

b. 1차 의식의 운명

① 뇌 속에서 수시로 변하는 개념으로 흐른다. → 의식의 흐름을 글로 쓴 경우도 있다.
② 1차 의식은 뇌의 3대 기능 중 하나인 운동(언어)에 의해 2차 의식으로 변하게 된다.
③ 동물은 1차 의식을 2차 의식으로 바꾸지 못하나 (말을 하지 못하기 때문에) 자율신경 반사작용으로 표현운동을 하게 된다. (인간의 운동과는 아주 다르다!!!)

2. 2차 의식(고차 의식)의 과정과 특징

1) 2차 의식

a. 정의: 1차 의식의 개념을 시간에 의한 청각적 개념인 말(언어)로 바꾸는 과정을 2차 의식이라고 한다.

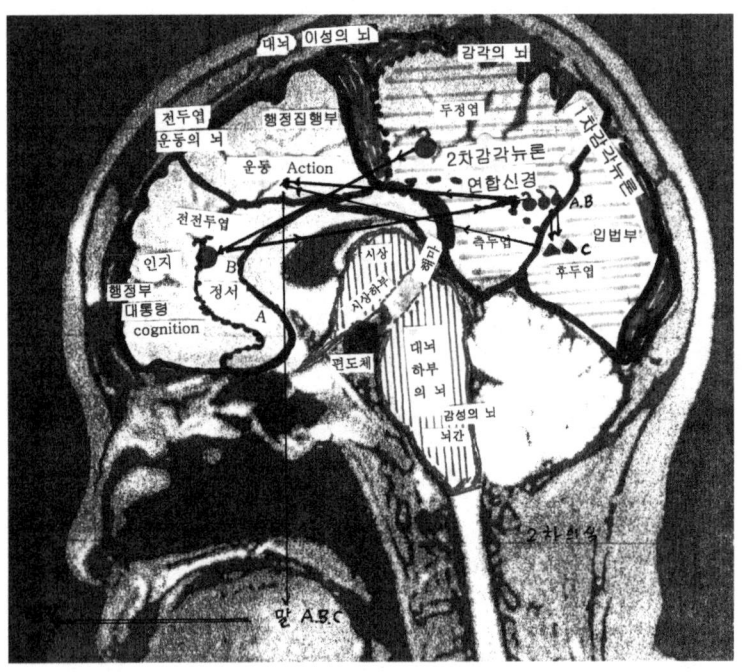

도표) 2차 의식의 과정 설명: 시작은 인지의 뇌의 개념-기억에서 시작되어 전전두엽에서 전두엽으로, 감각신경의 뇌, 연합 뉴런으로 전달되어 추론, 유추를 통해 2차 의식의 개념 연속, 개념 확장, 상상을 하게 되는데, 이렇게 전두엽에서 감각의 뇌로 오고 가는 것을 Working Memory(작업기억)이라고 한다.

인간은 동물과 달리 말을 한다. 말이란 무엇인가?

말이란 시간이다. 그 이유는 말은 순서(Sequence)가 있으며 인과관계가 있기 때문이다. 이렇게 1차 의식인 공간(즉 시각적 이미지)을 시간(청각적 이미지)으로 바꾸는 것이 2차 의식이다.

구체적으로 말하면, 1차 의식의 개념을 어떻게 말로 바꿔 생각으로 바꾸는가?

인간만이 말을 한다.

어떻게 개념을 말로 표현하는가?

1차 의식의 시각적 개념들을 순서대로 놓고, 즉 그림이나 사진들을 순서대로 놓고 이야기(History telling)로 만드는 것이다.

- 예를 들어 어머니라는 개념을 보자. 어머니에 대한 기억, 개념들이 수없이 감각신경 영역(연합 영역)에 들어 있다. 이들 어머니에 관계되는 개념들을 순서대로 놓고 말로 설명을 하면 History가 된다.

b. 인간의 운동·행동 방법

언어로 바뀌는 데 3가지 방법이 있다.

(A): 개념들을 순서대로 그대로 서술하는(개념의 연속) 언어 → 일상용어가 된다. (History telling)

예: 개념 A - 아침 A1 식사, A2 학교… 〈일화 기억〉 + Self

"오늘 아침에 밥을 먹고 학교에 갑니다."

아주 단순한 설명하는 언어이며, 인간은 누구나 다 할 수 있다.

(B): 개념을 느리고 확장하여 개념을 더 충실하게 보충 설명해, 더 큰 개념, 지식이 되게 하는 방법 → 개념의 확장 (일화 기억 + Self)

예: A(사과) + A1(사과의 종류) + A2(사과의 당도) + A3(사과의 산지)…

"내가 갖고 있는 붉은 사과는 한국산 사과로, 붉은 색깔 말고 푸른

색도 있으며 당도가 몹시 높아 온 국민이 좋아한다…"
→ 사과라는 개념이 확장·부풀어졌다.

(C): 개념을 비교하여 다른 개념으로 변형하는 상상의 방법
예: A, A1, A2, A3 → 유추 → B로 변형된다.
"내 마음(A1)은 호수(B1)요, 내 마음(A2)은 낙엽(B2)이요, 내 마음(A3)은 촛불(B3)요…"

2) **뇌신경학적 설명** (필자의 가설)

a) **개념의 연속** — 일상언어 → 언어의 50%
1개의 개념은 1개의 뉴런의 시냅스라고 본다.
고로 변하지 않고 하나하나의 시냅스가 연속된다.
그 결과 History telling이 된다. 물론 연합 뉴런에서 일어난다.
도표:
개념 1 → 개념 2 → 개념 3 → …
시냅스 1 → 시냅스 2 → 시냅스 3 → …

b) **개념의 확장** — 이성적 언어 → 언어의 25%
개념의 확장은 2개의 뉴런에 의한 시냅스라고 본다.
뉴런 A와 뉴런 A1이 추론에 의해 A3가 된다. 이에 A4와 A3가 추론으로 A5가 된다.
감각신경의 뇌, 연합 뉴런에서 일어난다.
결국 알고리즘이 된다. 한편 010101로 연결되는 디지털(Digital)이라

고 본다.

 AI로 비교해 보면 Machine Learning(머신러닝)에 해당된다.

 알고리즘보다 디지털은 월등히 빠른 속도이다.

 도표: 개념 B1(시냅스 1) + 개념 B2(시냅스 2) = 개념 5(시냅스 4)

   개념 3(시냅스 3) + 개념 4(시냅스 4) = 개념 6(시냅스 4)

   개념 5(시냅스 4) + 개념 6(시냅스 4) = 개념 7(시냅스 8)…

- 개념은 변하지 않고 확장되어 더 커지고 지식이 된다.

 추론에 의해, 귀납법과 연역법에 따라 알고리즘으로 더 커진다.

c) 유추에 의한 상상·변형 — 개념의 상상 변형 - 감성적 언어

$$\rightarrow 25\%$$

유추는 3개의 연합신경 뉴런에 의한 방법이다.

A1, A2, A3 3개의 뉴런이 유추를 통해 B로 바뀐다.

바뀐 B와 유사한 B1, B2와 유추를 하여 다른 형상으로 바뀐다.

신경학적으로 아날로그(Analog)가 된다.

AI에 의하면 Deep Learning이 된다.

도표:

개념 A(시냅스 1) + 개념 B(시냅스 2) + 개념 C(시냅스 3)

 = 변형된 이미지 1

개념 D(시냅스 4) + 개념 E(시냅스 5) + 개념 F(시냅스 6)

 = 변형된 이미지 2

개념 G(시냅스 7) + 개념 G(시냅스 8) + 개념 H(시냅스 9)

 = 변형된 이미지 3

유추에 의한 아날로그로 원래의 개념이 완전히 다른 것으로 바뀐다.

결론:

A: 1개의 개념(1개의 시냅스), 또 다른 1개의 개념을 순서대로 History telling(설명)하는 경우가 일반 언어, 개념의 연속이다.

B: 2개의 개념(2개의 시냅스)이 확장(Add)되면(추론) 알고리즘, 머신러닝, 이성적·과학적·객관적 언어가 된다.

C: 3개의 다른 개념(3개의 시냅스)이 유추(아날로그)되면 상상이 돼 완전히 다른 이미지로 변형되는데, 이것은 딥러닝(Deep Learning)이며, 감성적·비과학적·주관적 사고 언어가 된다.

〈연합신경 시냅스 3개〉

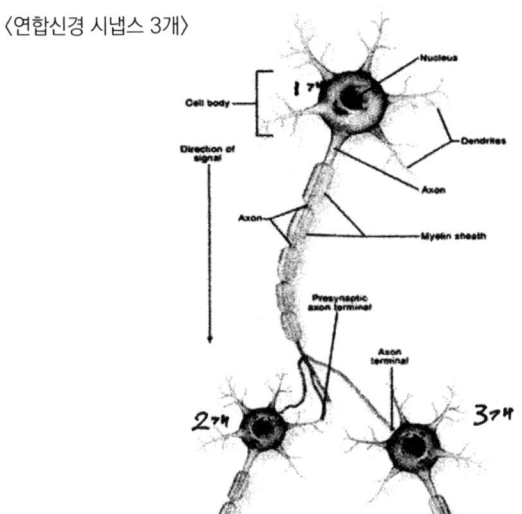

감각신경의 뇌에는 1차감각신경뉴론(순수한 감각신경)과 2차감각뉴론(연합신경, Interneuron-감각신경과 운동신경이 합쳐진 신경세포)으로 나뉜다.
1차의식의 개념은 연합뉴론(intermeuron)의 배열에 따라 3가지 2차의식이 생긴다.
1개의 연합뉴론의 시냅스에서 일반 언어(일상용어)가 나온다.
2개의 연합뉴론의 시냅스에서 이성적 사고 생각이 나온다.
 그 방법은 추론에 의한 알고리즘, 디지털, 마신러닝에 의한다.
3개의 연합뉴론의 시냅스에서 감성적 사고 생각이 나온다.
 그 방법은 유추에 의한 아날로그, 디프러닝에 의한다.

- 뉴런의 시냅스가 어떻게 1개, 2개, 3개로 연결되는가?

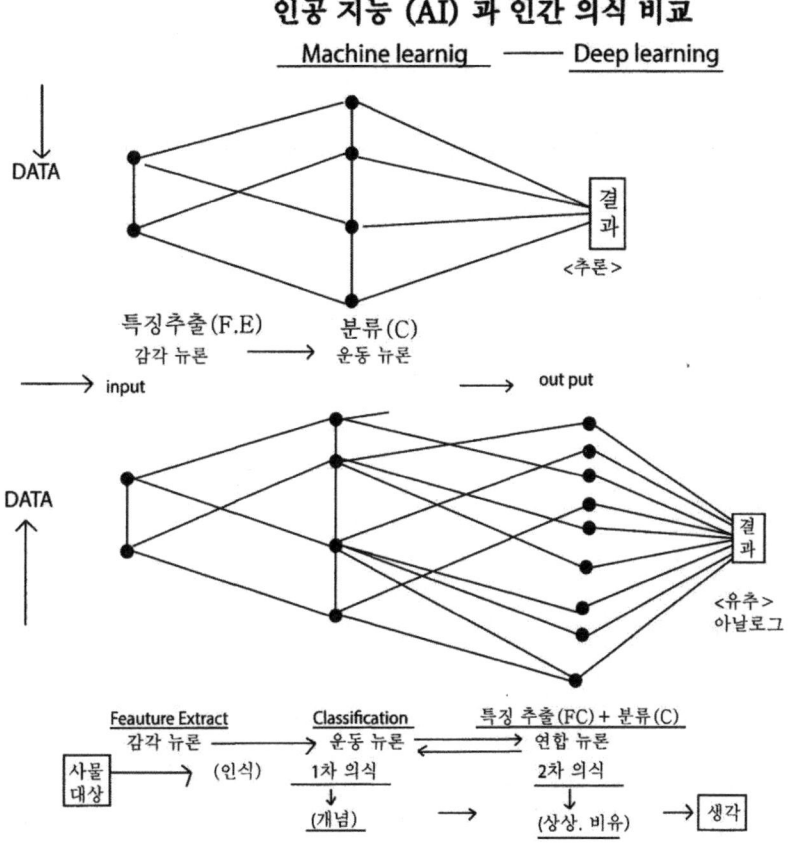

인공지능(AI)에서 신경세포가 어떻게 서로 시냅스를 하는가?
참조: 개념은 하나의 시냅스이며 하나의 시냅스는 두 개의 신경세포가 필요하다.

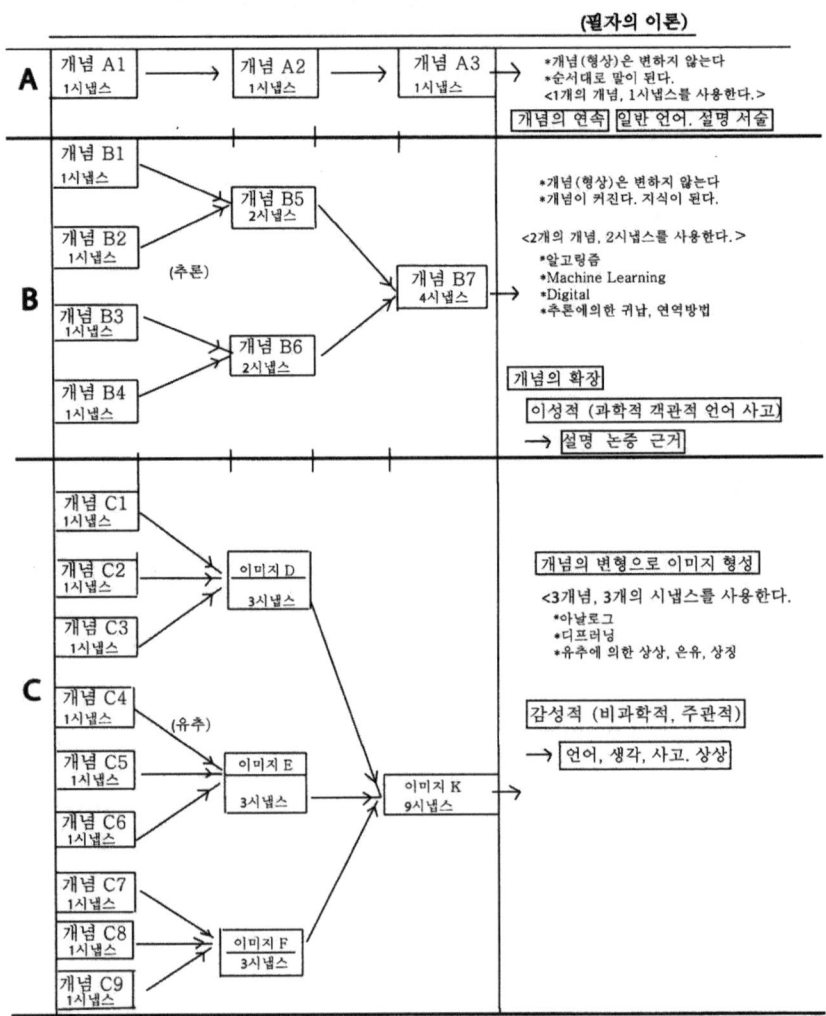

시냅스(개념)의 3가지 형태: 개념의 연속(1개 1개 연속된 것)으로 일상 언어, 생각이 되는가, 2개의 개념이 추론, 알고리즘, 머신러닝, 디지털로 연합되어 개념의 확장이 되어 이성적 생각이 되는가.

3개의 시냅스(개념)가 유추, 메타포, 상상, 이미지 형성, 감각적 변형으로 감성적 생각, 상상의 생각이 되는가? (필자의 추론임)

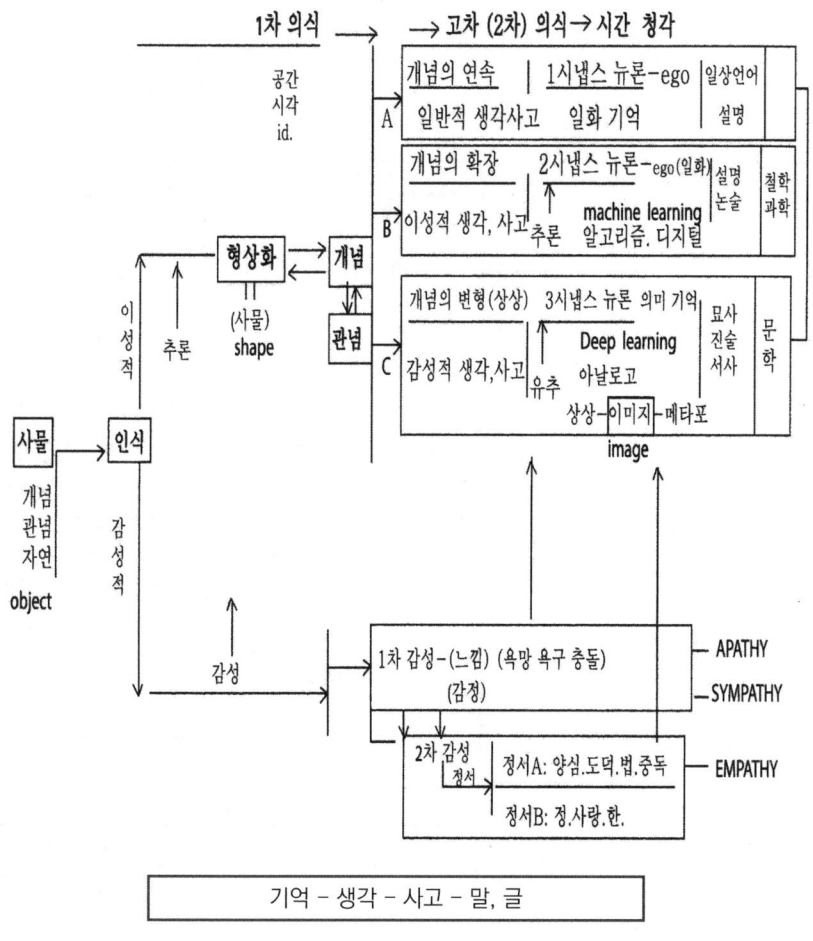

Chapter 5. 에델만의 1, 2차 의식과 3가지 언어 (본론) · 101

3) 1, 2차 의식은 인간의 사고와 언어가 된다.

결국 인간은 하나의 1차 의식 그리고 3개의 2차 의식을 사용하여 적절하게 언어를 구사해 소통하게 된다. 일반 언어(A), 개념의 확장 (B) - 이성적 사고, 상상(C) - 감성적 사고 중에서 어느 편을 많이 사용하는가에 따라 내용이 달라진다.

의식과 문학 이론 최종 정리 도표

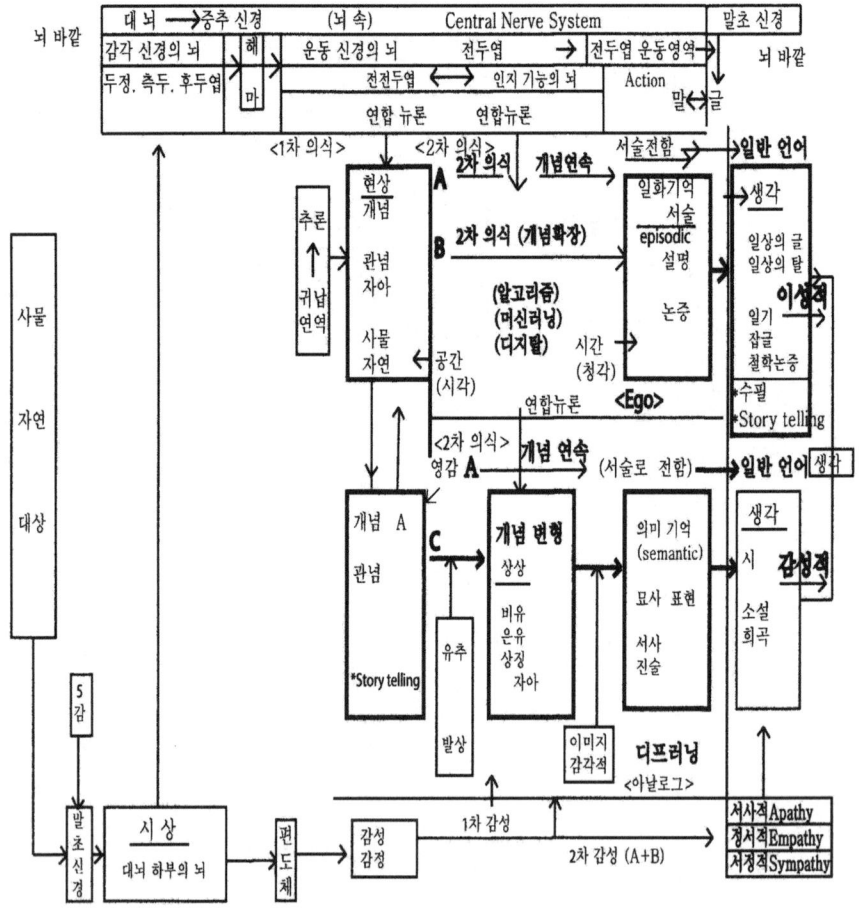

이상, 도표로 최종 정리를 해보았다.

참고: 지금까지, 핵심 정리
(위의 도표와 더불어 반드시 이해할 것)!!!

5감각으로 볼 수 있는 외부의 사물(자연, 대상)은 분자, 입자로 되어 있으므로 거울로 보는 듯한 실제의 모습으로 전전두엽에서 형상화되어 개념(Idea-Word)이 된다. 반면 눈으로 보이지 않는 대상(정신적인 것, 예를 들어 사랑, 미움, 복수)은 분자보다 작은 양자에 의한 파장으로 되어 있어 보이지 않는 형상화, 즉 관념(Idiom, Concept-word)이 되어 개념과 같이 하나의 그림으로 되어 감각의 뇌에 저장된다. (1차 의식이라 하며, 공간 이용)

개념(관념)은 1개의 시냅스라고 본다. 1개의 시냅스를 만들기 위해 2개의 연합 뉴런이 필요하다.
개념은 분자, 입자로 구성된 사물과 같으나 관념은 양자로 된, 즉 파장으로 되어 있어 눈에 보이지 않으나 존재한다.
1차 의식의 개념과 관념은 말(시간)에 의해 History telling으로 바뀌어(2차, 고차 의식) 입을 통해 나오게 되면서 3가지 형태(A.B.C)로 바뀌어 드디어 생각-사고-언어가 된다.

A: 일반 언어-생각-사고(개념의 연속): 1차 의식의 각각 독립된 1개 1개의 개념(관념-시냅스)들을 순서대로 모아 이야기로 바꾼 형태로 개념은 변하지 않고 1차 방정식처럼 나열된다. 인간이 사용하는 언어의 50% 이상이 된다.
이 언어를 글로 바꾸면, 일상 언어, 일기, 설명 문장이 된다.

B: 이성적(과학적, 객관적, 보편적, 추상적) 언어-생각-사고(개념의 확장):

두 개의 유사한 개념(관념-시냅스)들을 추론, 알고리즘, 디지털에 의해 확장하여 지식이 되게 하는 History telling으로 개념은 변하지 않고 증폭 확장되어 철학, 과학이 된다. B는 개념이므로 분자로 되어 있고 눈으로 보게 된다. 언어의 25%가 된다.

*A와 B는 개념이 변하지 않으므로 같은 형태의 언어가 되므로 A는 무시해도 된다.

C: 감성적(비과학적, 시인적, 구체적, 주관적 감각적, 상상적) 언어-생각-사고:

(1) 3개의 개념(관념)들은 유추에 의해 엉뚱한 이미지를 만드는 상상이다.

상상의 첫 단계는 영감으로 3개의 개념(시냅스)을 유추를 통해 변형하게 되는데 이미 형상화된 개념은 사실적으로 변형하게 되는 데 비해, 눈에 보이지 않는 3개의 관념(개념처럼 3개의 시냅스)은 아주 엉뚱한 눈에 보이는 이미지로 바꾸게 된다. 예: 눈에 보이는 장미꽃(형상화된 개념)이 상상으로 변형될 때 주로 묘사가 동원된다. 반면 눈에 보이지 않는 관념의 경우, "내 마음은 호수요"처럼 눈에 보이는 사물로, 즉 파장으로 된 양자의 관념을 분자와 입자로 된 사물로 변형하게 된다. -(문학의 경우)

(2) 그러나 또 다른 상상적 언어가 있다. 즉 믿음이다. 문학의 상상은 기대하고 예측하는 상상이지만 믿음의 상상은 전혀 예측도 못하는 무조건적인 양자역학으로 된 보이지 않는 믿음(파장)으로 보이는 실

체 종교가 된다.

예: 성경 신약, 히브리서 11장 1-2절을 참조

Now faith is being sure of what we hope for and certain of what we do not see.

믿음은 바라는 것들의 실상이요 보지 못하는 것들의 증거니....

-(종교의 경우)

Chapter 6

새 문학 이론 (총론)

Chapter 6

새 문학 이론 (총론)
- 도표를 보면서 문학적으로 설명한다.

뇌·신경학으로 본 문학이란?

1차 의식을 2차 의식으로 전환할 때, "개념의 확장을 배제하고 개념들을 유추에 의한 상상으로 변환시켜 완전히 새로운 이미지를 만들어 내는 창조예술"이라고 정의하고 싶다. 특히 문학의 장르 중, 시·소설·희극은 상상이 필수 조건이나 수필과 평론은 상상이 필수가 아니다. 수필과 평론은 2차 의식의 첫 번째, 두 번째 카테고리인 "개념의 연속과 확장"으로 충분하다.

필자가 소설가로, 뇌신경과 전문의로 터득한 바로는 문학은 물론 상상이 중요한 조건이지만, 사물은 물론 인식, 시상의 인식, 감성의 영향 등 모두가 문학에 큰 기여가 된다고 본다. 그러나 전통적인 문학의 정의에 따라 의식에 비추어 문학의 이론을 찾아보려고 한다.

A. 1차 의식과 2차 의식 문학: (새 문학 이론과 경로)
도표: 문학의 경로 (의식)

1. 1차 의식은 문학이 되나?

1차 의식은 사물을 보고 형상화하여 개념을 만드는 것까지이므로 문학의 정의에 따르면 문학이 되지 못하나, 필자가 보기에는 문학의 중요한 부분이 된다.

사물 자체, 인식의 방법, 감각신경의 전달 방법에 의해서 개념이 형성되며, 개념은 2차 의식을 만드는 원료가 된다. 그러나 문학을 위해서 1차 의식은 절대적으로 필요하다. 의식은 뇌 속에서 떠다닌다.

떠다니는 1차 의식을 소설화하면 의식이 소설이 된다. 그러나 필자는 1차 의식은 밖으로 나오지 못한 상태이므로 그 자체로는 불가능하다고 본다.

2차 의식(연속, 확장, 변형)은 문학이 되나?

문학의 정의로 하면 2차 의식은 문학이 된다. 특별히 상상(변형)의 언어가 문학의 기본이 된다.

2차 의식의 개념 확장은 문학이 안 되나? 문학의 정의로 보면 문학이 되려면 상상이 있어야 한다. 그러나 전체 문장, 창작에서 기본 언어인 서술도 필요하며 주관적 서술도 있다.

그러므로 하나의 문학 창작이 완성되려면 2차 의식의 개념의 연속, 서술, 2차 의식의 개념의 확장도 상상의 언어를 도와주기 때문에 문학에 기여를 한다고 해야 할 것 같다. (필자의 생각)

2. 사물, 대상, 자연 - 정신, 관념

인간이 태어나면 대뇌(이성의 뇌)에는 의식 기억이 전혀 들어 있지 않으나, 대뇌하부의 뇌(감성의 뇌)에는 무의식 기억이 가득 차 있다. 글을 쓰려고 하면 소재(의식 기억)가 있어야 한다.

소재는 사물(물질)과 정신적 관념이 우선한다. 눈에 보이는 사물과 보이지 않는 사물, 즉 관념으로 나눈다.

물질은 원자의 입자들로 구성되어 인간이 색깔로 구분하게 된다.

사물이 문학의 소재가 될 때 그것은 대상이라고 불리우게 되며, 특별히 인식되게 된다.

문학적으로 사물(대상·자연)은 위대하고 경건하기에 문학의 좋은 소재, 테마가 된다.

예:

1) 스웨덴의 노래:

How Great Thou Art - "주 하나님 지으신 모든 세계"

→광대한 자연을 보노라면 자연스레 튀어나오는 시가 된다. 서정적인 사물 시가 되었다.

2) 워즈워스의 무지개:

"저 하늘의 무지개를 보노라면 내 가슴은 두근거리네. 나 어렸을 때도 그랬고 어른이 된 지금도 그러한데…"

→자연에 대한 Fear(경건으로 번역)로 채워져 매일매일이 이어지기를 바라는 서정시

3) 자연의 위대하고 공포스럽고 신비함은 문학뿐만 아니라 음악, 미술 등 모든 예술의 소재가 된다. 사물 → 사물(형상화) → 사물(이미지)의 변화가 거의 없기 때문에 서정적이 된다.

3. 감각 (감각신경세포)

1) 감각(Sense): 사물을 인식하는 신경의 반응

2) 사물을 보거나 듣거나 만질 때, 즉 인식을 할 때 말초 감각신경이 동원된다.

3) 보거나 들었다고 해서 다 인식하지 않고, 선별하여 인식하여 중추신경으로 전달한다.

4) 감각의 범위: (인식하는 범위가 다르다.)

인간은 누구나 거의 비슷한 감각을 갖고 태어났다.(DNA가 비슷하다)

〈5가지 외부 감각(5감각): 시, 촉, 청, 미, 후〉

시각(Visual Sense):

우주가 생성된 후, 암흑에서 최초로 빛이 나왔다.

빛은 파동·파장이며 입자이다. 입자는 물질을 만든다. 원소가 모여 분자가 되고 이들 세포에는 DNA가 들어 있다.

인간은 빛을 통해 색깔로 물질을 구분한다. 인간은 가시광선만 볼 수 있다. "보·남·파·초·노·주·빨"만 볼 수 있다.

(누구나 똑같은 모양의 무지개를 본다.)

- 워즈워스의 시 「무지개」를 읽어 보면, 그가 본 무지개와 우리가 보는 무지개는 100% 같다. 그러기에 그의 시를 읽으면서 꼭 같은 감동을 갖게 된다. 마치 무지개를 뇌 속에 있는 거울로 보는 것 같다.

- 인간은 감각 중에서 시각을 가장 많이 사용한다. 약 75%의 감각은 시각이다. 고로 시각적 기억, 즉 그림이 된다.

- 시각에 사용되는 뉴런(신경세포)은 약 200억 개 이상이다. (양쪽 뇌를 계산하면 200억이 되며, 시냅스는 200억 × 10,000개 된다.)

- 시각은 1차 의식에서 가장 큰 작용을 한다. → 1차 의식의 기억은 시각적 이미지인 그림·사진으로 저장된다.

- 시각은 인간을 공간으로부터 자유롭게 해준다. 공간에 관계되는

인간의 뇌는 두정엽의 #5 공간 영역이 된다.

문학은 시각적 이미지를 만드는 작업이다.

빛은 파동이므로 운율이 되며 소리가 되며 말이 된다. 말을 자르고 연을 만든 것이 시가 된다.

청각(Auditory):

시각 다음으로 빈번하다. 감각을 파장으로 듣는다. 즉 주파수이다. 인간이 듣는 주파수는 일정하다. 소리는 곡을 만들고 의미를 갖게 한다 → 음악이다.

- 베토벤, 모차르트는 조금 더 듣나?
- 청각적 이미지는 2차 의식에서 활발하다. 다시 말하면 시간이다. 감각 중에서 인간에게는 가장 발달된 감각이다.

촉각, 미각, 후각: 각각의 특징이 있다. 동물은 미각, 후각이 인간보다 훨씬 발달되어 있다. 이들 5감각은 말초신경 그리고 중추신경에 있다.

〈3가지 내부 감각이 있다.〉

내부 감각으로 "내장 감각", "고유 감각", "평형 감각" 3가지가 따로 있으며, 감성을 만든다. (느낌 + 욕망 + 감정)이다.

느낌은 대뇌피질로 올라가 의식 기억과 더불어 활동한다.

욕망, 욕구, 감정을 경험자아(원초자아)라고 하며, 사물에 대해 욕망을 품음으로 지각 형성에 큰 작용을 한다.

- 문학에서는 가능한 감각적 이미지를 만들려고 노력한다. 그렇게

되면 경험자아(원초자아)를 만족시켜 즐거움을 주게 되기 때문이다.

문학을 통해 얻는 카타르시스는 1차 감각(느낌, 욕망, 욕구, 감정 - 원초자아)을 충족시켜주는 것이 최선이다. 이를 위해 감각적 이미지 형성을 하여야 한다.

4. 인식(Recognition)

a: 인식과 인지(Cognition)는 다르다. 인지는 인지의 뇌에서 형상화하여 기억을 만들어 저장하고 사고를 하는 것을 말한다. 인식은 5감각으로 사물을 받아들이는 행위이다.

b: 인식은 눈으로 보거나 귀로 듣는다고 다 받아들이는 것은 아니다. → 선택적이라는 것이다.

선택적 인식은 이성적(과학적, 객관적 관찰, 즉 후천적) 사고와 감성적 사고로 구분된다.

- 칸트는 데카르트의 선험적, 감각신경세포에 의한 인식과 흄의 경험적 인식을 둘 다 인식으로 보기 때문에 유럽식(선험적) 그리고 영국식(경험론)을 하나로 통일한 결과가 되었다.

예: 장미를 바라보면서 객관적·과학적·추상적(이성적)으로 바라보면 학문, 즉 교육적인 장미로 보이나, 감성적으로 보게 되면 문학적이 된다.

예: 지나가는 나비는 눈으로 봤지만 인식을 하지 않았으며 인지 기능에서 형상화되지 않는다.

c: 인식과 고정관념에 대해서

인지 기능의 뇌에서 형상화된 기억·개념은 고정관념화한다. 지각(Perception), 직관도 비슷하다 → 감정에 물든 기억을 말한다. 인식이 형상화되며 개념으로 된다.

문학에서는 고정관념에서 벗어난 인식이 중요하다.

d: 인식할 때, 사물은 정보로 바뀌어 인식된다.

사물을 인식할 때 사물을 통째로 인식하는 것이 아니다. 사물을 분해해서 정보(데이터)로 만들어 뇌로 들어가 형상화되어야(=현상) 사물을 알게 된다.

예: 붉은 사과 → 사과의 형태, 사과의 색깔, 원소, 분자 등으로 분해해서 소위 정보(Information)가 된다.

기타, 원소, 파장으로도 분해된다. 이렇게 작게 분해하여야 망막을 통해 말초신경으로 전달이 되기 때문이다.

e: 〈작가의 입장에서 보는 인식〉과 〈독자의 입장에서 보는 인식〉은 절대적으로 다르다. 시인, 작가는 이성적·감성적 공유의 입장으로 인식(바라보기)을 하여야 소재와 주제를 찾을 수가 있다. 유능한 시인(작가)은 인식(감성적)에서 남다르다. 과학자는 과학적 인식(이성적)에서 남다르다. 신경학적으로 말하면, 좋은 시인(작가)은 1%의 재능과 99%의 노력이 필요하다. 발명왕 에디슨이 말했듯이 과학에서도 1%의 영감과 99%의 노력이 필요하다.

왜 그럴까?

대답: 개념의 형성은 감각신경세포에 의해서 형상화되는데, 감각신경세포는 인간은 누구나 거의 같다.

다시 말하면 1차 의식은 거의 비슷하다. 또한 추론에 의해서 알아내는 것도 비슷하다. 그러나 2차 의식의 상상은 다르다. 유추에 의해서 사고가 생기기 때문이다.

> 과학자가 보는 이성적 인식과 시인이 보는 감성적 인식의 차이:
>
> 문학에서 아주 중요하다. 시, 소설 등 문학에서 구체적으로 감각(감성)적으로 보여주기, 감동 주기가 된다.

과학자의 인식 = 보편적, 추상적, 객관적으로 인식되면 시상을 통해 대뇌 중추로 들어가 1차 의식과 1차 의식의 확장으로 되어 이성적, 과학적 사고, 즉 추론적 사고가 된다.

• 시인의 인식 = 주관적, 구체적, 감성적 인식으로 감각으로 인식되면 시상에서 시상하부 → 뇌간(느낌), 시상하부(욕망, 욕구, 쾌·즐거움) 그리고 편도체(감정: 놀람, 공포, 슬픈 감정, 기쁜 감정, 역겨운 감정)로 자극을 주어 감성을 만들어 낸다. ― 서정적

한편, 전전두엽(변연계)으로 올라온 자극은 정서(Affection)를 만들어 공감적 정서를 만든다. 각 감정, 정서는 포지티브한 것과 네거티브한 것이 있어 그에 상응한 표현을 하게 된다.

• 인식으로 본 문학 작품의 예 (인식의 중요함):

1) 나태주의 「풀꽃」: 시에서 보면 "자세히 보아야"라는 시어가 말하듯이 인식을 자세히, 감성적 사고로 해야 한다는 말도 된다. 과학적, 이성적으로 보게 되면 "너도 예쁘다, 사랑스럽다"란 시가 나오지 못한다.

비교: 과학자적 인식 ― 풀의 모양, 색깔 등을 관찰한다. 시는 되지 못하고 꽃에 대한 설명, 논설이 된다.

2) 윤동주의 시 「소년」: "손바닥을 바라보니 강물이 흐른다. 강물을 보니 순이의 얼굴이 보인다."

감성적인 인식으로부터 2차 의식의 상상은 시작된다고 필자는 본다. 그러므로 시 창작에서 인식(Recognition)이 영감, 느낌처럼 아주 중요한 일을 하게 된다.

5. 시상(Thalamus)과 문학의 관계 — 인식과 정보 배분의 중심

1) 시상은 뇌의 가장 중심부에 자리 잡고 있어 지휘자와 같은 위치이다.

2) 말초 감각신경기관(눈, 코, 귀, 혀, 피부)에서 인식되어 들어온 정보는 시상에서 다시 인식되어 감성의 뇌(대뇌하부)로 전달되며(선험적), 또한 이성의 뇌인 대뇌의 감각신경의 뇌(경험론)로 전달된다.

말초 감각신경에 의해서 인식된 사물의 정보(아주 작게 분해된 것)는 중추신경의 뇌로 들어간다. 반드시 대뇌하부의 뇌(Subcortical Brain)의 가장 윗부분인 시상으로 들어온다.

시상은 뇌의 가장 중심부에 있어 마치 오케스트라의 지휘자와 같은 일을 하는 것으로 보아 조물주의 창조가 오묘하다. 지구로 말하면 위도 0°와 경도 0°의 위치가 된다.

외부 감각(시, 청, 미, 촉, 후)과 내부 감각(내장 감각, 평형, 위치)이 시상으로 들어오게 된다.

시상은 들어온 정보를

첫째, 대뇌(의식 기억의 뇌)로 보내 사고(생각)를 하게 하며,

둘째, 정보를 대뇌하부의 뇌(시상하부, 편도체, 뇌간)로 보내 감성(느낌, 욕구, 감정)과 정서를 만들어 사고에 영향을 주게 된다.

시상에서 들어온 정보(감각)를 선택하는 기능도 있다.
• 문학적으로는 초월의식을 조절하는 관문이 된다.

초월의식이란?

명상과 수련을 통해 시상에서 대뇌로 올라가는 감각을 100% 차단하게 되면 공간과 시간으로부터 자유로워진다.

결국 100% 감각신경이 없다 보니 대뇌는 마치 열반에 들어간 느낌을 갖는다. → 미륵보살 반가사유상에 나오는 부처님의 웃음과도 같다.

6. 대뇌 감각의 뇌, 1차 감각신경 뉴런 영역과 문학

시상에서 보내진 정보는 역시 감각신경의 뇌, 대뇌(감각의 뇌의 1차 감각신경 뉴런 영역)로 들어온다. 시각의 경우는 후두엽(#17), 촉각은 두정엽(#1, 2, 30), 미각(#34), 청각(#43), 후각은 측두엽으로 직접 들어가며 번호가 없다.

같은 감각신경세포의 연결이기에 정보는 있는 그대로 전달된다.

참고: 감각신경의 뇌에는 1차 감각신경 뉴런 영역과 2차 감각 영역 뉴런 = 연합 뉴런이 있다. 연합 뉴런은 기억을 저장하고 2차 의식을 만드는 곳이다.

문학의 이론은 여기서 발견되지 못한다.

7. 해마와 문학 (Hippocampus & Literature)

해마는 인지기능의 뇌에 속한다. 감각의 뇌에서 전달된 정보를 해마는 기억으로 만드는 일을 시작하고 도와준다. 해마는 사물의 정보와 대뇌하부의 뇌에서 올라온 경험자아(욕망, 욕구, 감정, 느낌)와 해마에서 만나, 편도체에 의해 지각의 형성을 하게 된다. 해마는 기억 형성에서 Encoding, Storage, Retrieval 그리고 공고화(Consolidation)에 관여한다.

해마, 즉 기억의 회로를 따라 전전두엽(인지기능)으로 정보를 전달한다.

- 문학: 편도체와 해마의 작용으로 지각의 범주화가 된다. 지각(Perception)은 기억이 될 때 편도체의 감정 영향을 심하게 받으면 그 기억은 감정에 물든 기억이 되어 잊히지 않는다. 문학에서는 감정에 깊이 물든 기억을 사용하며 감성적, 서정적 시가 된다.

해마는 단기기억과 장기기억의 장애로 치매가 되게 한다.

일화기억(Episodic Memory)을 만드는 일을 한다. → History telling을 한다.

8. 전전두엽 - 인지기능의 뇌 (Cognitive Brain) — 인간의 뇌의 중심부(대통령) — 의식, 생각, 사고의 중심 부분: 꼭 이해하여야 한다!!!

문학과 절대적인 관계가 있다. → 문학을 만드는 부분이기 때문이다. 운동신경의 영역 = 운영하는 곳 = 행정부 (참고: 운동신경 뉴런 - 400억 개)

(a) 전전두엽은 2부분으로 나눈다.

첫째: 순수 전전두엽 — 인지기능 영역 (칸트의 뇌로 명명)

→ 5가지 기능이 있다: (신체의 항상성 유지), (모방), (계획 운영), (메타인지), (충동 감정 억제) — 순수 인지에 포함

- 또는 충동 감정 억제를 분리하여 둘째로 분류하는 경우도 있다.

→ 순수 전전두엽: 1차 의식과 2차 의식을 만드는 곳 *** 중요함

→ 인지기능의 뇌는 감각신경의 뇌 중 연합 뉴런이 있는 영역을 조절하고 통제해서 기억, 개념 그리고 1차 의식과 2차 의식을 만드는 곳이다.

→ 순수 인지기능의 뇌는 신경섬유(전기줄)로 연합 뉴런과 연결되어 오고 가는 일을 하는데, 이를 작업 기억(Working Memory)이라고 하며 뇌의 실질적인 기능을 하여 1차 의식과 2차 의식을 하는 부분이다.

둘째: 전전두엽 변연계

A: 앞부분(복내측 전전두엽 — 충동 억제 작용 영역, 동기 부여) → 플라톤의 뇌

B: 중간 부분(전대상 피질 — 감정 억제 작용 영역, 영감 부여) → 아리스토텔레스의 뇌

참고: 1차 의식과 2차 의식은 이미 설명하였음. 여기서는 문학이 어떻게 되는지를 중점 설명하며, 다음 장에서 문학의 실례로 설명한다.

(b) 실제로 기억, 개념, 의식이 만들어지는 공장은 바로 감각신경의 뇌, 연합 뉴런 영역이다.

* 참고: 다시 한번 도표들을 보고 해부학적인 연결을 숙지할 것.

(1) 감각신경의 뇌는 1차 감각신경 뉴런과 연합 뉴런으로 구성되었다. 1차 감각신경 뉴런은 단지 밖에서 들어온 정보를 DNA에 의한 방법으로 있는 그대로 전달한다. 그러나 연합 뉴런은 감각신경과 운동신경이 연합되어, 이곳에서 시냅스를 통해 그리고 작업 기억을 통해 전전두엽의 명령과 지시를 받아 기억, 개념, 1차 의식, 2차 의식을 만들

고 저장하는 공장, 입법부의 일을 하는 곳이다. 그러므로 인지기능의 뇌는 계획·설계 등을 하는 설계자이며, 연합 뉴런 영역은 설계를 실제로 그리고 만드는 설계자의 작업장이며 창고가 된다.

(2) 인지기능의 뇌에서 형성된 사물을 알아맞추는 방법은 추론에 의해서이다. (1차 의식이 되기까지)

(3) 2차 의식에서는 3가지이다.

일상언어로 바뀌는 과정은 1개의 뉴런에 의한 연속적 추론이다. 개념의 확장(이성적 사고, 생각)은 2개의 뉴런에 의한 추론이며, 알고리즘과 디지털, 머신러닝이 된다. 그러나 개념이 상상으로 변형될 때는 3개의 뉴런에 의한 유추가 되며, 아날로그 형식이며 딥러닝의 방법이다.

(4) 2차 의식은 시간이라는 방법으로 즉 말로 바뀌는 과정인데, 여기서 말은 전두엽의 운동 영역에 있는 브로카 영역을 통해 이루어진다.

말을 글로의 전환하는 방법 (2차 의식)

운동의 뇌 - 행동 (말 - 글 - 생각, 사고)

(가) 전전두엽 - 인지기능의 뇌에서 개념(1차 의식)을 2차 의식으로 만들어, 말이라는 운동 기능(전두엽, 운동 브로카 영역, 운동 말초신경)을 통해 언어 기관을 통해 내보내는 것이 마지막 단계가 된다.

(나) 인간에게는 개념과 2차 의식을 말로 표현하는 방법 외에 얼굴 운동과 근육 운동이라는 운동 수단이 있다. (수의 운동 - Voluntary action)

문학의 표현은 글에 의해서이다.

말 - 글에 대하여 (개념 - 말 - 생각)

#1. 일화 기억적 말과 서술 (Episodic Memory & Narration):

1차 기억의 개념이 2차 기억으로 변형될 때, 개념(시각적 경험 기억)은 시간에 따라 있는 그대로, 사실적으로 꾸밈없이 Story telling이 되며 이를 서술이라고 하며, 일화 기억이라고 한다. 그러므로 말을 글로 바꾸면 단순한 일상생활의 용어, 설명, 주장 등으로 바뀐다. 이때 사용되는 방법이 추론의 귀납·연역법이 이용된다. 그 결과 일상 대화적인 글, 일기, 잡글, 산문, 논문, 칼럼, 에세이(Essay), 과학, 철학, 심리학 등으로 나타난다.

→ 자아(Self)가 생기며, 시간과 공간을 이용한다.

#2. 의미 기억적 말과 묘사 (Semantic Memory & Description):

상상과 유추에 의한 2차 의식의 말과 글은 1번과 전혀 달라진다.

유추에 의해 상상, 수사(메타포), 이미지 형성, 감성적·주관적인 말로 즉 묘사가 되면서 의미 기억으로 묘사와 서사적인 글이 된다.

그 결과: 문학, 음악, 미술로 발전된다.

문학에서는 시, 소설로 된다. 의미 기억으로 묘사가 될 때에는 Self(자아)가 없는 상태이다. 상상의 상태는 자아가 있다.

*** 결국 4가지 다른 글, 즉 4가지의 문장 유형이 생긴다.

#1에 의해 → (설명하는 문장) → 일반 산문, 일기, 에세이, 공고문

      (주장하기 문장) → 논문, 컬럼, 이론, 지식의 글, 철학, 과학

#2에 의해 → (묘사하기 문장) → 시

      (서사하기 문장) → 소설

2차 의식의 상상(개념)을 어떻게 말(언어)과 글로 표현하는가?

첫째: 말이란(Language)?

1) 말은 동물 중에서 인간만 할 수 있다. 물론 고등 동물 중 침팬지, 원숭이 등에서 약간의 말을 한다고 하지만, 인간처럼 하는 것은 아니다. 인간은 약 10만 개의 단어를 사용하나, 침팬지는 약 400개 정도를 사용한다고 한다.

2) 말은 1·2차 의식을 표현하는 수단으로 시간에 해당된다. 글은 말을 표현하는 심볼이다.

1차 의식은 시각적 이미지, 2차 의식은 청각적 이미지로 표현한다. 1차 의식의 개념은 한 장짜리 사진, 그림으로 저장된다.

문제는 개념들을 말(언어)로 표현할 때, 시각적 이미지로 된 사진과 그림들이 시간에 의해 순차대로 쌓여, 이들 그림들을 이야기로 만들게 되어 즉, Story telling을 하게 된다. 그 후 개념들은 현재·과거·미래가 있는 비디오 영상이 되는 장기 기억으로 변환되어 저장된다.

1차 의식의 개념은 단순한, 시간적으로 엮은 → 일화 기억(Episodic Memory)이 된다. 일화 기억적인 Story telling은 서술, 즉 Narration이 된다. 알고리즘에 의해 개념을 확장하고, 있는 그대로 사실을 설명, 논리로 표현하게 된다. 즉, 개념 확장이다.

일기, 단순 산문, 지식, 논리, 논문, 과학, 철학이 이에 해당된다.

반면 2차 의식을 말로 표현할 때는 1차 의식에 의한 Story telling에 상상과 메타포에 의한 비유, 상징, 그리고 감각적 이미지를 그리기 위한 구체적인 표현을 하는 묘사(Description)가 추가된다.

결국 일화 기억이 의미 기억(Semantic Memory)으로 변환된다.

묘사는 상상, 비유 등의 메타포(수사), 그리고 이미지를 통해 묘사가 된다. 이미지가 많으면 묘사가 되고, 이미지가 적고 Story가 많으면 진술이 된다. 청각적 이미지가 더 많아지면 구성된 Story를 표현하는 서사가 된다. 이로 인해 2차 의식의 문학은 묘사시, 진술시, 서사적 소설로 분류가 된다.

글이란?
말을 심볼로 바꾼 것이 글이다. 말로 된 내용을 글로 바꿀 때, 비로소 문학으로 완성이 된다.
- 2차 의식의 상상, 변형 — 즉 문학은 다음 장에서 자세하게 설명하려고 한다.

(c) 둘째: 전전두엽 변연계와 문학의 관계 — 아주 중요하다!!!
비교: 첫째 순수 인지 → 1차 의식, 2차 의식을 생성한다.
둘째: 전전두엽 변연계
  정서 A (양심, 도덕, 판단) → 선, 실천이성 - 플라톤의 뇌, 법률·도덕·윤리의 뇌
  정서 B (사랑, 정) → 미, 판단이성 - 아리스토텔레스의 뇌, 문학의 뇌
  이상 둘로 나눈다.

1) 정서란?
1차 감성과 충동·감정 억제 기능이 전전두엽 변연계에서 만나 이성에 의해 훈련된 감정(Cortical Emotion)이 되어 정서가 되며, 정서 A

와 정서 B로 나눈다.

2) **정서 A의 뇌와 문학:** 〈플라톤의 뇌〉

정서 A의 문학은 윤리적, 도덕적, 마약, 폭력과 같은 양심의 문학으로 대표적인 작가로 애드가 앨런 포우가 있다.

문학작품보다 수상록, 명상록, 잠언 등의 글이 더 효과적이다.

작품의 예: 애드가 앨런 포우의 「검은 고양이」

　　　　　마약과 폭력을 소재, 주제로 한 작품들.

　　　　　성경: 갈라디아서의 성령의 열매

3) **정서 B의 뇌와 문학:** 〈아리스토텔레스의 뇌〉

이름 그대로 문학의 원천이 되는 뇌.

상상을 유도하는 뇌, 영감을 유도하는 뇌로 문학의 시작을 만드는 뇌이다. 사랑, 정, 한, 복수, 우울 등이 형성되며 문학의 기본, 주제, 소재의 시작이다. 영감의 시작이 개념을 불러와 유추를 통해 상상, 메타포, 이미지 형성, 감각적 이미지, 그리고 내면세계의 묘사·표현을 하므로 문학이 된다.

감성적 사고가 이곳에서 유도되어 인지의 뇌에서 완성된다.

* 문학의 장에서 예를 들어 설명하려고 한다.

9. 시상에서 인식되어 전달된 대뇌하부와 편도체, 감성의 뇌에서는 어떻게 되나? 문학과의 관계는?

시상에 들어온 정보는 대뇌로 전달되어 형상화되는 것도 있지만, 대뇌하부의 뇌와 편도체로 전달되어 감성을 만든다.

(a) **시상은 교통의 중심지이다.**

인식된 정보를 시상에서 받아 대뇌, 즉 이성의 뇌로 정보를 보내는 것은 물론, 대뇌하부의 뇌인 감성의 뇌로 정보를 보내 반응을 하게 된다.

(b) 감성

• 1차 감성(느낌, 욕망, 감정)은 각각 다른 반응을 하게 된다. 원초적이며, 무의식 기억(본능적·선험적)이므로 한 번 발생한 감성은 1회에 작동하여 사라진다. 그러나 반복할 수 있어 오래 갈 수 있다. 변화가 심하면 각각 다른 감성의 작동을 한다.

그러므로 의식 기억처럼 저장되지 않는다.

• 느낌(Feeling):

느낌은 내장 감각(내부 감각)에 의해서 뇌간을 중심한 부위에서 발생하여 대뇌, 뇌섬엽으로 올라가 의식 기억에 작용을 한다.

• 욕망, 욕구(Desire, Pleasure, 쾌·불쾌):

욕망, 욕구, 쾌락, 불쾌락은 시상하부에서 발생한다.

욕망, 욕구는 보상회로를 통해 변연계(MesoLimbic)에서 작동하고 소멸된다. 도파민을 분비해 쾌(Pleasure)를 만든다.

한편, 전전두엽으로 연결되는 보상회로(Mesocortical)는 반복적으로 인지기능의 충동 억제 작용과 작동하여 정서 A를 만든다.

• 감정(Emotion) – 영감을 만든다:

편도체에서 발생한다. 감정은 공포(Fear), 놀람(Surprise), 불안(Anger), 슬픈 감정(Sad), 행복(Happy), 불쾌(Disgust)가 된다.

감정은 파페츠 회로를 통해 전전두엽(정서 영역 B)으로 올라갔다가 감정 억제 작용으로 사라진다(약 0.25초). 이러한 작용은 약 6회 과정을 거쳐 소멸된다.

도파민 분비와 세로토닌 분비가 있다.

1차 감정은 반복되어 정서 B 영역, 즉 전대상피질(ACC)에서 인지 기능의 감정 억제작용과 함께 작용하여 정서(즉 사랑과 같은)를 만든다.

욕망, 욕구는 정서 A에서 양심, 도덕, 법률, 중독 등에 작용한다.

감정은 1차 감성으로 반응한 후 소멸되지만, 1차 감성이 만성적으로 정서의 뇌에서 작용하면 정서 B가 된다.

정서 B(사랑, 한)가 형성된다. 정서는 의식 기억을 소유하므로 저장되고 개념으로 사용된다.

(c) 그런데 1차 감성은 지각에 영향을 주며 2차 의식에도 적극적으로 영향을 주게 된다. 즉, 감각적 이미지 형성과 내면의 표현에 구체적으로 큰 영향을 주게 된다. (2차 의식의 상상)

이 결과, 제2차 의식의 상상은 주관적, 구체적, 정서적, 즉 감성적 사고를 만들어 독자들에게 감동을 주는 문학을 만들게 한다.

- 구체적인 감성적 표현, 내면적 표현이 되어야 한다. 인간은 즐거움을 추구한다. 행복을 추구한다.
- 즐거움(Pleasure): 1차 감성에서 온다. 도파민 작용으로 전전두엽(변연계)에서 1차 감성이 작동하고 도파민에 의해 즐거움을 갖게 되며, 아주 짧은 기간 느껴지고 기억으로 저장되지 않는다.

행복한 감정에서 행복이라는 정서가 된다.-Happiness.

2차 감성으로 된 경우는 도파민보다 세로토닌의 분비로 더 지속적이며 훈련되고 기억된, 즉 의식 기억 → 행복으로 변하였다.

(구체적, 감성적 표현은 다음 챕터에서 김소월, 김동명 등의 시로 설명한다.) 감성의 영향으로 서정적 문학, 즉 서정시, 감성적 소설이 창작된다. 정서적인 영향으로 쓰인 글은 비유와 같은 정서적 글이 된다.

(d) 이 결과 이성적 사고에 의한 무감정의 글 → Apathy (서사적 시)

감성적인 글 → Sympathy (서정적 시, 예: 김소월 등)

정서적인 글 → Empathy (감성과 정서로 된 서정적 시, 모더니즘도 이에 포함됨)

이상 세 가지 글로 분류된다.

〈감성이 인지기능에 주는 영향에 대해서〉

1차 감성으로 느낌, 욕망, 욕구, 쾌·불쾌, 감정(공포, 놀람, 슬픔, 기쁨, 불안, 역겨움)이 있으며, 이는 일시적이며 반복되는 무의식 기억이다. 감성은 Positive하거나 Negative하며, 이 1차 감성이 2차 의식에 강하게 영향을 주어 주관적, 내면적, 구체적 표현을 하는 경우가 서정시(Lyric)가 된다.

2차 감성은 1차 감성(무의식 기억)이 인지기능(감정, 충동 억제작용 → 의식 기억)과 만성적으로 전전두엽 변연계(정서·인지의 뇌, A와 B)에서 만나 Positive 또는 Negative하게 작용하여 (다른 말로는 훈련되어) 정서가 된다.

2차 의식, 즉 상상의 단계에서 정서가 감성보다(감정보다) 더 강하게 작용하게 되면, 즉 이성적인 사고가 들어가게 되면 서정적인 시보다 지적인 단계를 갖춘 소위 모더니즘(주지주의)의 시가 탄생한다고 본다.

이 단계에서는 이해와 감동이 함께 오게 되며 공감이 일어난다.

공감(감정이입)이 바로 정서의 단계이며, 이때 객관적 상관물(Objective correlative)을 사용하여 주관적인 것과 객관적인 사고가 이루어진다고 본다.

결국 서사적이란?

2차 의식에서 감정, 정서(주관적, 내면적)가 전혀 없는 이성적 위주의 글(서사적)이 된다. 플라톤 이후 이성주의의 우월로 고전주의 시와 사회는 이성주의 시대였다.

결국 서정주의란?

2차 의식에서 감성적, 주관적, 구체적, 비과학적인 내면 세계를 구체적으로 드러내다 보니 너무 감성적이 되어 이미지를 만들어냈기에 감동, 즉 동정(Sympathy)은 쉽게 되나, 이성적인 이해는 중요하지 않다. 이성 중심의 무미한 고전주의, 신고전주의를 벗어나 감정에 호소하는 낭만주의, 자연주의, 상징주의 시가 여기에 속한다.

결국 정서적 시(주정주의 시)라면? 모더니즘(주지주의) 시?

서사적, 감성적(1차 감성)인 문학에서 벗어나, 서사적(이성적) 시와 감성적(낭만주의) 시를 적절하게 배합한 공감이 되는 시(Empathy)로 T. S. Eliot 이후의 현대시들을 말한다.

묘사 중심의 서정시, 진술 중심의 서사시를 잘 섞은 묘사 +

진술 시와 같지 않은가…

10. 기타 문학에 관한 이론

(1) 인간의 자아(Self)의 구분, 문학의 응용

Pleasure(쾌락) → 1차 의식적 문학 → 1차 감성 → 도파민

Happiness(행복) → 2차 의식 문학 → 2차 감성 → 세로토닌

1차의식(공간)	2차의식(시간)	
원초아(Id)	자아(Ego)	초자아(Superego)
경험자아	기억자아	배경자아
상상	상징	실체

인간의 자아를 여러 가지로 설명하고 있는데, 위와 같이 정리하며 문학에 적용해 본다.

에델만은 원초아(경험자아)는 대뇌하부의 뇌와 편도체에서 느낌, 욕망, 욕구, 감정이 외부 감각에 의해 인식된 사물과 해마에서 만나 지각 형성을 한다고 설명한다.

해마는 편도체와 같이 붙어 있어 편도체의 강한 감정의 영향을 받게 된다고 보았다.

욕망, 욕구는 보상의 회로를 타고 전전두엽으로 가서 그곳에서 충동 억제 작용으로 소멸되거나 정서 A(양심, 도덕 -『실천이성비판』참조)가 된다. 감정은 파페츠 회로를 통해 전전두엽에서 감정 억제 작용으로 인해 소멸되거나 정서 B(사랑, 미 -『판단이성비판』참조)가 된다.

기억 자아(Ego)는 경험 자아(공간)를 모아 일화 기억, 즉 시간으로 바꾸게 된다. 초월, 배경 자아는 자아의 실체로, 초자아와 자아를 뒤에서 조정한다.

문학의 응용:

이성(진 - 순수이성)의 문학은 고전적, 서사적 문학으로 된다.

정서 A의 문학은 양심, 도덕과 같은 문학으로 애드가 앨런 포우의 문학이 대표적이다.

정서 B의 문학은 문학의 대부분을 차지한다. 상상의 원천(=동기부여)이기에 문학은 여기 정서 B가 흐르는 샘물의 근원이듯 문학의 근원이다.

Pleasure → 경험자아 → 감각적 이미지 형성 → 1차 감각 뉴런, 신경에서

Happiness → 기억자아 → 정서적 이미지 형성 → 인지기능, 정서에서 형성되는 문학적 카타르시스

(2) 공간과 시간 - 문학의 관계

칸트는 말하기를 "인간은 공간(Space)과 시간(Time)을 이용하여 생각한다"고 했다. 인간은 공간과 시간에서 동물과 달리 자유롭기에 의식에 이용한다. 신경학적으로 공간은 두정엽의 #5에서, 시간은 두정엽의 #7에서 조절하고 있다.

1차 의식은 공간을 이용한 의식으로 이미지 형상을 하며, 기억의 저장도 사진으로 저장한다.

2차 의식은 청각적 이미지로 시간적 순서와 말의 인과법칙에 의해서 1차 의식의 단순 사진들(개념)이 내용이 있는 History, 즉 일화 기억(Episodic memory)이 되어 1차 의식을 말로, 글로 표현한다.

2차 의식은 이에 더해 유추에 의한 묘사(비교, 이미지)를 통해 의미기억(Semantic episode)이 되어 묘사-서사로 표현된다.

• 이성적 사고와 감성적 사고 vs 공간과 시간

칸트는 "인간은 공간과 시간으로부터 자유롭다"고 말했는데, 문학에서는 어떻게 이해되는가?

이성적 사고(객관적 사고, 과학적 사고, 서사적)는 개인의 공간을 분리시키며 시간을 과거, 현재, 그리고 미래로 구분하려고 한다. 그 결과 인간은 외롭고(공간), 절망적(시간)이 된다. 이성적이 되면 과학은 발달되고 도시화된다. 이 결과 고전주의, 사실주의, 모더니즘(주지주의적 + 아방가르드적)이 발달된다.

반대로 감성적 사고(주관적, 내면적, 서정적)는 공간을 하나로 하려고 한다. 객관적 공간을 주관적 공간으로 하여 너와 내가 더 가깝고 하나가 되려고 한다. 그 결과 외로움에서 벗어나고, 너와 나의 시간을 현재로 만들어 절망감에서 벗어나게 된다. 이것이 바로 내면적, 드러내기가 된다. 이것은 상상의 세계이며 자아가 없어지기도 한다.

공간 변형의 예:
"내 마음은 고요한 물결 / 바람이 불어도 흔들리고 / 구름이 지나도 그림자 지는 곳…"
→ 유추를 통해 비유(은유)가 되어 원래의 장소인 '내 마음'이 '고요한 물결이 있는 곳'으로 바뀌었다. 그리고 고요한 물결은 "객관적 상관물"이 되었다.

"내 마음은 호수요 / 그대 노 저어 오오…"
→ 같은 '내 마음'이 이번에는 유추를 통해 호수가 되었다. 그래서 배를 타고 올 수 있다는 객관적 상관물이 형성되었다.

시간 변형의 예:
1차 의식으로 형성된 개념은 한 장 한 장짜리의 시각적 이미지인 사진이다. 각각의 사진 한 장은 저장되었을 때는 과거이나, 기억에서

불러 나오면 현재가 된다. 이들 현재만 있는 사진들을 차례로(시간대로) 놓고 이야기를 하게 되면, Story가 되어 과거-현재-미래가 있는 비디오 사진이 된다. (2차 의식이다.)

그러므로 시문학은 - 시각적 이미지가 중요하므로 현재로 만드는 일을 한다. 과거의 일도, 미래의 일도 현재로 표현한다. 특히 서정시가 그러하다.

(주: 물론 시제를 과거로 해도 된다. 미래로 해도 된다.)

그러나 시의 기본은 현재이다. 그 이유는 시는 감정의 표현인데, 감정은 현재로 나와 현재로 사라지기 때문이다. 1차 감성(느낌, 욕망, 욕구, 감정)은 본능적으로 감각에 대한 반응이다.

각 반응은 0.25초 내외 전전두엽 변연계에 도달했다가 소멸되고, 약 6회 정도에서 완전히 소멸된다. 그러므로 현재만 존재한다.

그러나 2차 감성 = 정서는 무의식 기억과 의식 기억이 Fusion이 되어 지속되고 훈련되었고, 이성도 있기에 그 반응 기간이 길며 과거와 미래도 될 수 있다.

반면 소설 문학은 현재·과거·미래가 있는 Story telling이 되기에 원칙적으로 과거(Past)의 이야기를 서술하게 된다.

물론 소설 문학에서 현재, 미래도 있으나 근본적으로는 과거의 시제를 글로 표현한 것이다.

(3) 공포에 대하여 (Fear - 감정)

문학: 인간은 죽음의 공포에서 벗어나려고 부단한 노력을 한다. 신에 접근하게 되며, 그 한 방법으로 문학, 창작을 통해 카타르시스, 행복을 느끼는 구원 문학이 생긴다.

1차 의식 (동물, 사람)	2차 의식 (사람)	
감정 Fear(육체적인 아픔)를 가진다	육체적인 아픔의 공포를 가진다	
죽음 인식 죽음에 대한 공포는 없다	죽음에 대한 공포가 있다	죽음에 대한 공포로 해방되려고 인간은 신. 자연에 접근한다. 문학도 그중하나가 된다. 문학으로 도파민,세로토닌 분비-카탈시스, 행복을 느낀다. 구원 문학이다.

(4) 구원 문학의 예

종교가 아닌 문학이 인간을 구원할 수 있을까?

2,500년 전 아리스토텔레스는 문학을 통해 즐거움을 느끼게 되며 카타르시스를 체험하게 된다고 피력했다.

문학은 슬픔, 한, 스트레스로 인해 면역이 떨어지고 콜레스테롤이 높아져 암, 순환기병 등을 일으켜 쉽사리 죽게 하는 것을 방지한다. 즐거움을 통해 면역이 증강되어 건강해지게 된다.

→ "문학으로 인한 치유"라는 의미가 된다.

1. 성경 속의 시편: 여호와, 하나님을 가까이에서 보고 싶어 하며 그를 통해 구원을 받고 싶어 한다. 대부분의 시편, 잠언, 전도서 등 문학서적 성경을 통해 구원을 받고자 몸부림치는 모습을 본다.

한용운의 「님의 침묵」과 같은 시는 구원 문학이라고 본다.

(5) 인간의 통증(Pain), 고통(Torment), 고뇌(Agony)와 문학

통증	고통	고뇌
말초 감각신경에서 시상까지 몹시 아프다	편도체의 영역, 물리적으로 아프지 않고 괴롭다	대뇌피질
말초신경의 통증, 치통, 삼차신경통, 열상 등의 통증을 주제, 소재로 쓴 글들이 많다	성경에서 예레미야 애가 곰이 새끼를 잃고 우는 고통, 감정에서 정서에 이르는 고통이다. 수많은 문학이 태동한다.	대뇌 피질, 의식기억과 사고의 영역으로 전전두엽과 인지기능의 뇌에서 느끼는 고뇌는 로댕의 생각하는 사람과 같은 수준이다.

인간의 통증 도표 (통증 - 고통 - 고뇌의 문학적 적용)

〈통증 문학〉

1) 통증(Pain)에 대하여 쓴 문학: 말초신경에 의한 통증도 문학의 소재와 테마가 된다.

2) 고통에 대하여 쓴 문학: 말초에서 뇌 중추 변연계의 편도체 수준에서 생기는 고통(Lamentation)의 대표적 문학이 성경의 예레미야 애가이다. 이는 단순한 Pain이 아니라 변연계 특유의 고통, 즉 애통이다.

→ 애통으로 밤새 부르짖었던 어미 곰이 죽은 후, 그 이유를 보니 편도체에 출혈이 심해 곰이 사망했다.

3) 고뇌에 대하여 쓴 문학: 대뇌피질, 인지의 뇌에서 생기는 고뇌.

→ 백팔번뇌, 예수님의 고뇌의 기도, 로댕의 「생각하는 사람」의 고뇌와 같은 수준이다.

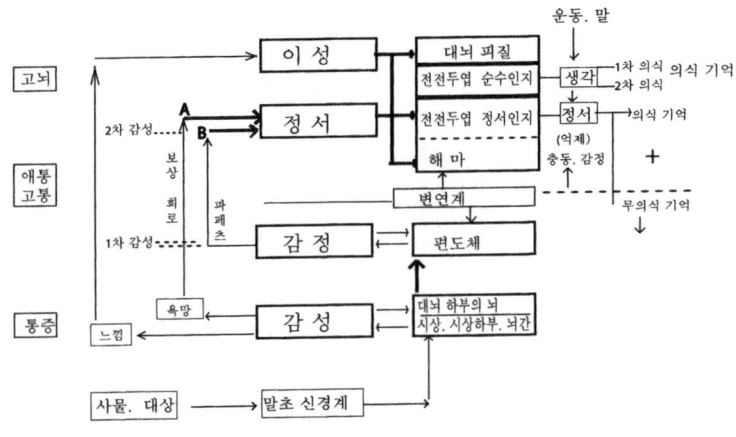

문학의 예:

통증(Pain)에 관계된 문학을 말한다. 5감각이 잘못되면 통증이 온다. 실제로 통증은 뇌에서 느끼나, 아픈 부위(국소적)를 치료하고 감싸준다.

(6) 결국 문학이란?

사물을 공간 속에 "형상화 = Shape = Configure" 하여 개념을 만들어 시각적 그림, 사진으로 저장하는 제1차 의식에서, 그 개념을 인출해 영감에 의해 말로 표현하기 위해 유추, 상상을 통해 청각적 이미지인 말(시간)로 바꾸면서 쉽게 이해시키기 위해 감각적 "이미지(심상)"로 변형하여 말·글로 묘사하여 표현하는 것이 된다.

이상의 관찰을 통해 1·2차 의식은 무엇이며 어떻게 문학이 되는가를 설명하였다. 이 도표는 2차 의식의 상상의 과정과 문장으로 바꾼 도표로 쉽게 이해가 된다.

위의 도표는 1차 의식과 2차 의식의 3가지 언어를 요약했다.

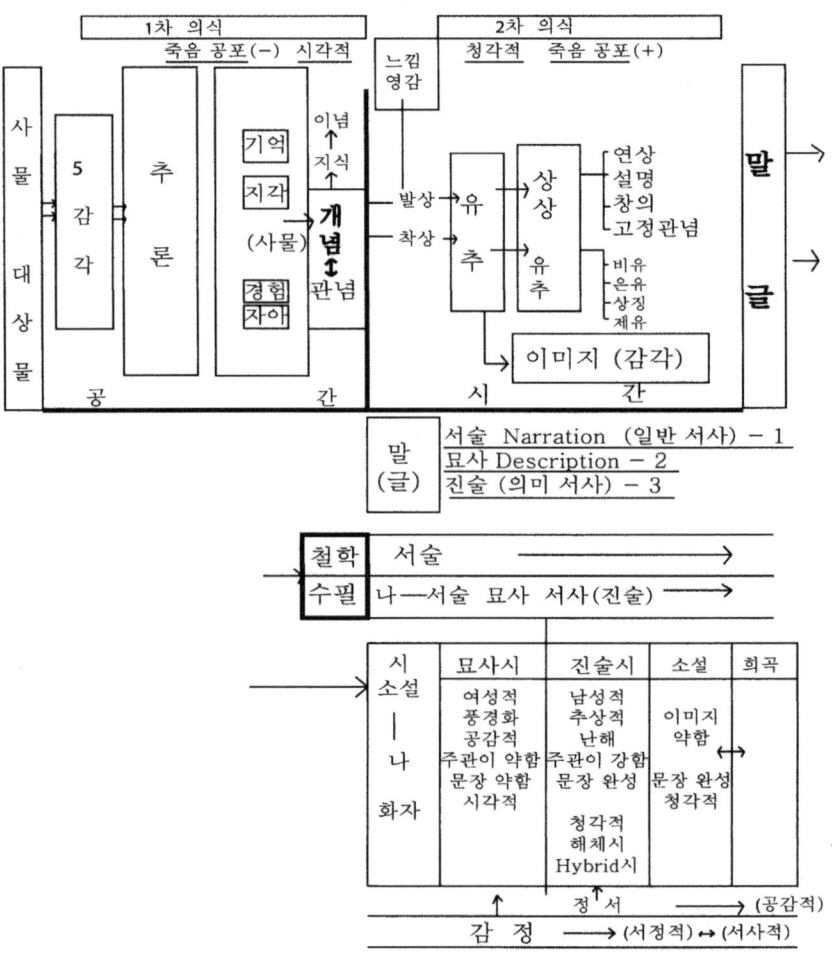

머릿속에 기억하면 도움이 될 듯하다.

<의식과 문학 이론 최종정리 도표>

뇌 바깥	대뇌 → 중추 신경	(뇌 속) Central Nerve System	말초 신경
	감각 신경의 뇌	해 / 운동 신경의 뇌 / 전두엽 → 전두엽 운동영역	뇌 바깥
	두정. 측두. 후두엽	마 / 전전두엽 ↔ 인지 기능의 뇌 / Action 말↔글	

- 연합 뉴런 / 연합뉴런
- <1차 의식> <2차 의식>
- 2차 의식 개념연속 → 서술전함 → **일반 언어**
- 현상/개념 A / 2차 의식 (개념확장) → 일화기억 서술 episodic 설명 논증
- 추론 ↑ 귀납연역 / 관념 자아 / B
- 사물/자연 / (알고리즘) (머신러닝) (디지털)
- 공간(시각) / 시간(청각)
- 생각 / 일상의 글 일상의 말
- **이성적** / 일기 잡글 철학논증
- 수필 *Story telling

- <Ego>
- <2차 의식> 개념 연속 (서술로 전함) → **일반 언어** 생각
- 영감 A
- 개념 A / 관념 / C / 개념 변형 / 상상 / 비유 은유 상징 자아 / 의미 기억 (semantic) 묘사 표현 서사 진술
- *Story telling / 유추 / 발상
- 생각 / 시 소설 희곡 / **감성적**
- 이미지 감각적 / 디프러닝 <아날로그>

| 사물 자연 대상 | 5감 | 말초신경 | 시상 대뇌 하부의 뇌 | 편도체 | 감성 감정 | 1차 감성 / 2차 감성 (A+B) | 서사적 Apathy / 정서적 Empathy / 서정적 Sympathy |

Chapter 6. 새 문학 이론 (총론) · 137

Chapter 7

2차의식과 문학 (본론, 그 이론과 실예)
개념-변형-상상의 세계

Chapter 7

2차 의식과 문학 (본론, 그 이론과 실예)
개념-변형-상상의 세계

이미 설명한 대로 1차 의식의 개념을 기반으로 3가지 언어(2차 의식)가 만들어지는데, 그중 일반 언어, 개념의 확장은 문학이 되지는 못하나 문학의 완성을 위한 문장에는 꼭 필요하다. 여기에 상상에 의한 언어, 문장이 들어갈 때 비로소 시·소설 문학이 된다.

필자는 문학이 되는 과정을 설명하려고 한다.

도표: 1차 의식과 2차 의식 그리고 감성과 정서 — 생각의 출현
도표: 2차 의식의 상상-유추-이미지로 본 문학-말의 종류-문장, 기억의 종류 — 시·소설이 되기까지
위의 두 도표를 보며 순서에 따라 본문을 읽기 바람.

A. 문학의 과정 (사물-개념에서 상상까지)
1. 영감, 느낌, 동기로 개념을 불러오기
(Inspiration, Feeling, Motivation)

문학 창작의 처음 단계는 동기(느낌, 영감)가 중요하다. 문학은 이성의 뇌(인지)에서 이루어지는 사고이기에 의식 기억이 작동을 한다.

느낌(Feeling): 다마지오의 이론에 의하면 내부 감각(내장 감각, 위치 감각, 평형 감각)은 교감, 부교감, 미주신경에 의해 대뇌하부의 뇌(뇌

간, 시상하부)로 올라와 느낌을 만든다. 느낌은 무의식 기억으로 욕망, 감정과 같으나 기능은 대뇌, 특히 뇌섬엽(Insula)을 거쳐 대뇌피질에서 의식 기억과 같이 작용하여 사고에 작용을 한다. 그러므로 문학은 느낌에서 온다.

동기(Motivation): 동기는 인지기능에서 아주 중요하여 계획하고, 계획을 실천하고 유지하는 일에 관여한다. 느낌과 영감에 의해서 발생하여 전전두엽에서 도파민을 형성해 동기를 유발한다. 문학과 다른 계획, 메타인지에 아주 중요하다. 보상 작용으로 동기가 생기고 도파민에 의해 계획의 지속, 인내가 생긴다. 정서 A에서 생기고 인지기능의 뇌에서 작용한다. → 창의, 계획 등에 작용

영감(Inspiration): "정서 B에서 일어난다."
문학에서 영감은 절대적이라고 본다. 영감은 인간의 외부에서 오는 것이 아니라 인간의 뇌 속에 저장되어 있던 기억에서 새롭게 튀어나온다. 역시 영감은 정서 B(ACC-전대상피질)에서 도출되어 도파민의 분출로 전전두엽으로 올라가 의식에 관여한다. 발상을 거쳐 착상에 이른다.
발상이 되면 인지의 뇌는 영감에 맞게 1차 의식의 개념으로 저장된 개념들을 불러오게 된다. 불러온 개념과 유사한 다른 개념들을 놓고 유추(Analog)하여 상상을 하게 된다.

영감과 인식의 관계?
필자의 생각으로 보면 영감(느낌)을 하게 되면 역시 새로운 인식으

로 들어가 사고뿐만 아니라 감성적인 사고의 인식을 하게 된다고 본다.

개념을 불러오기 단계 - 1차 의식을 불러온다.

영감, 느낌, 동기에 의해서 착상이 되려면 개념으로 저장되어 있는 관련 개념들을 불러온다. → 소재, 주제가 된다. 개념은 100,000개가 된다!!!

불러온 개념들을 추론에 의해 알고리즘을 하게 되며 말로 설명, 즉 일화 기억을 하게 된다. 그러나 이것만으로는 문학이 되지 못한다. → 유추 단계로 착상, 발상, 상상이 되어야 한다.

필자의 생각으로는 문학이 완성되려면 일화 기억에 의한 서술과 상상에 의한 의미 기억, 즉 묘사가 합하여 완전한 문장이 이루어지면 문학 창작이 된다.

〈개념 불러오기 예〉

정지용의 시 「향수」를 예로 들어 보자. 영감으로 떠오른 향수, 고향… 이에 해당하는 개념(여러 개의 개념)들이 떠오른다. (기억에서 불러온다)

충북 옥천 시골, 황소, 질화로, 아버지, 아내, 누이동생, 시냇물 등등은 결국 하나하나의 단어(Word-개념)들이다. 이 단어들(개념)을 추론하여 서술하고, 유추하여 묘사하여 맥락이 있는 문장으로 만든다. 이것이 「향수」라는 시가 된다.

〈발상과 착상 단계〉

들어온 영감을 통해 발상이 되며 착상으로 된다.

2. 유추 단계 (Analogical Inference) — (발상, 착상, 상상의 과정)

유추란? 개념과 다른 개념들을 놓고 아주 다르게 변형하는 것. (Transform)

A, A', A" = B (A = 원관념, 원개념 / B = 보조관념… 아주 다르게 변한 것임)

아날로그라고 한다. 연합 뉴런에서 3-step 뉴런, 즉 3개의 뉴런들이 유추하여 하나의 변형된 이미지가 나온다.

AI로 보면, Deep Learning에 의해 변형된다. 추론과 비교해 보기 바람.

3. 상상 (Imagination) – 이미지

상상은 이미지를 만드는 것이며, 유추이며 수사학(은유)이다. 같은 말이 된다.

상상의 종류:

    1. 개념과 연관되는 상상 – 연상

    2. 해석형 – 어떻게 설명하는가를 중점으로 하는 형태

    3. 창조형 – 완전히 개념에서 벗어난 것, 고정관념을 깨는 것

    → 고정관념을 버리면 다르게 보기, 새롭게 보기와 같은 문학이 태어난다. 고정관념은 대개 개념보다 관념, 즉 추상적·정신적인 경우가 많다.

상상의 예:

계곡의 바위틈으로 물이 졸졸 소리를 내며 흐른다. 그러기에 바위에는 귀가 있을 거야…

산나리가 그렇게 웃어주니 나무에게도 눈이 있을 거야.

달 속에서 짐승의 울음소리가 들려온다.

하늘의 무지개를 바라보노라면 내 가슴은 뛰는구나…

→ 문장 전체가 상상일 수도 있다.

상상과 사실은 어떻게 다른가? 어느 것이 진실인가?

진실이란 무엇인가? 에 대한 대답은 일정하지 않다.

과학적인 프레임으로 보면 상상은 비진실이다. 그러나 문학적인 프레임으로 보면 진실이다.

이를 구분하는 방법: 사실성, 개연성(핍진성)의 문제가 나온다.

철학·과학은 사실성을 갖고 있는 사실이다.

문학은 개연성과 핍진성을 갖고 있으며, 문학이라는 프레임에서 진리가 된다.

프레임에 따라서 진실은 다르다. 예를 들어 "빛(Light)"이란?

→ 물리학적으로는 파동이나, 화학적으로는 입자이다. 다르다.

→ 시와 소설은 상상이 들어 있어야 진정 문학이 된다.

4. 수사 (Rhetoric) - 비유 (Figurative), 메타포 (Metaphor) — 상상

(이미지가 없는 관념(개념)을 알기 쉽게 표현하는 방법이다.)

유추, 상상을 통해 개념은 완전히 다른 형상의 개념으로 바뀌게 되는데 이를 수사, 비유, 알기 쉽게는 메타포라고 한다. 이것은 원래의 개념을 알기 쉽게 드러내는 방법이다.

수사의 종류:

a. 비유 – 직유와 은유

직유 (Simile): '처럼', '같이' 등을 사용하는 방법

예: "누나같이 생긴 꽃이여" (「국화 옆에서」)

예: "문둥이는 서러워 / 보리밭에 달 뜨면 애기 하나 먹고 / 꽃처럼 붉은 울음을 밤새 울었다."

은유 (Metaphor):

예: "내 마음은 호수여…", "내 마음은 고요한 물결…", "당신은 나의 하늘입니다."

예: "내 마음은 고요한 물결 / 바람이 불어도 흔들리고 / 구름이 지나도 흔들리는 곳"

→ 은유와 객관적 묘사가 있다.

은유 = 유추 = 상상 = 이미지는 동일하다.

은유는 본질에 대한 기대요 희망이다. 이미지는 금세기에 와서 본질보다 더 강력하며 믿음도 된다. 신의 세계에 대한 믿음도 된다.

은유는 명사형보다 동사형이 더 강하다.

예: "내 마음은 호수(명사)", "내 마음은 피눈물을 흘린다(동사형)"

은유는 시간과 공간으로 잘게 자를 수 있다.

예: "잔디 잔디 금잔디, 심심 산천의 금잔디…"

b. 대유법

환유 (Metonymy): 관련되는 속성을 통해 대상 자체를 나타내는 것

제유(Synecdoche): 사물의 일부로 전체를 대신 표현함

예: "손이 모자란다." / "빵만으로 살 수 없다." / "빼앗긴 들에도 봄은 오는가."

c. 아이러니 (Irony), 역설 (Paradox)

예: "나 보기가 역겨워 / 가실 때에는 / 말없이 고이 보내드리오리다 / 영변의 약산 / 진달래꽃 / 아름 따다 가실 길에 뿌리오리다 / 가시는 걸음걸음 / 놓인 그 꽃을 / 사뿐히 즈려밟고 가시옵소서 / 나 보기가 역겨워 / 가실 때에는 / 죽어도 아니 눈물 흘리오리다."

→ 아이러니 / 역설: 반대로 말하면서 사실을 강조한다.

d. 의인, 풍유 - 사물을 사람과 같이 표현하는 비유

예: "고맙게 잘 자란 보리밭아, 간밤 자정이 넘어 내리던 고운 비로 너는 삼단 같은 머리를 감았구나. 내 머리조차 가뿐하다."

e. 상징 (Symbol) - 어떤 사물이 그 자체 이외의 다른 것을 대신할 때 수사물은 넓은 의미로 상징이 된다.

예: 돈, 태극기, 훈장은 공로

예: 유치환의 시 「깃발」

"이것은 소리 없는 아우성 / 저 푸른 해원을 향하여 흔드는 / 영원한 노스탈쟈의 손수건"

→ 상징의 종류: 원형적 상징, 관습적 상징, 창조적 상징

f. 활유법 - 생명이 없는 사물을 생명이 있는 것처럼 표현

예: "안개가 날개를 치면서 산 정상으로 기어오르고 있었다."

비유, 상징 등 수사는 이미지가 없는 개념(관념)을 알기 쉽게 하려는 방법이다.

5. 이미지 (Image) - (상상)

이미지란 사물, 개념을 감각적으로 지각할 수 있도록 완전히 다른 모양으로 만드는 것.

1) **구분** - 이미지와 형상화를 반드시 구분해야 할 것 같다 (반드시 이해하여야 하며 중요하다!!!)

   a. 1차 의식의 사물의 형상화 - 1차 의식의 개념화 → 감각신경 1차 감각 뉴런에 의해서 밖의 사물을 그대로 형상화한다. (이미지라고 본다)
   → 공간에 의한 시각적 이미지가 크다.
   → 플라톤, 칸트는 형상화(재현)라고 하며, 사물과 형상화된 이미지는 거의 100% 유사하다.
   → 개념화, 개념의 확장(2차 의식)이다.
   → 1차 의식과 2차 의식(개념 확장)에서는 경험 자아(Id)와 기억 자아(Ego)가 작용한다. 형상화라는 표현을 한다.

   b. 2차 의식에서 이미 저장되어 있는 1차 의식의 개념(관념)과 개념들을 비교·추론, 즉 유추를 하여 완전히 다른 개념으로 바꾸는 것, 즉 다르게 형상화하는 것을 〈이미지〉로 부른다.
   → 연합 뉴런에서 3-step 뉴런의 시냅스에 의해서 이루어진다.
   → 2차 의식(상상)에서는 자아가 작동하지 않는다.

2) **이미지는 감각적 이미지가 되어야 한다.** (문학의 이미지 - 2차 의

식의 상상)

 a. 5가지 감각에 의한 이미지 → 역시 시각적 이미지를 만들려고 하며, 기타 청각, 미각, 촉각, 후각 이미지를 만든다.

 b. 왜 감각적 이미지를 만들어야 하나?

 감각은 감성으로 반응하여 가능한 1차 감성(느낌, 욕망, 감정)을 만들면 아주 직접적인 반응을 갖게 된다. 인간은 본능적으로 1차 감성인 욕망, 욕구, 쾌락을 추구한다. 쾌락은 즐거움을 주기 때문에 끊임없이 이를 추구한다. 감동을 느끼게 한다.

 보는 즐거움, 만지는 즐거움, 냄새, 맛의 즐거움, 음악의 즐거움을 느끼고자 한다. 더우기 이미지를 갖게 되면 그 즐거움을 더 느낀다.

 문학은 이렇게 1차적인 감성을 글로 만들어 실제로 느끼게 하고, 그로 인해 즐거움과 행복, 그리고 카타르시스를 느끼게 한다.

이미지의 예

- 시각의 이미지

"가을 밤의 싸늘한 감촉 / 나는 밤을 거닐었다.

얼굴이 빨간 농부처럼

불그스름한 달이 울타리 너머로 굽어보고 있었다.

말은 걸지 않고 고개만 끄덕였다. 도회지 아이들같이 흰 얼굴로

별들은 생각에 잠기고 있었다."

(「가을」 - 토마스 흄)

 이미지가 확 떠오른다. 촉각적 이미지, 시각적 이미지.

 이미지가 눈에, 귀에, 손에, 코에, 혀에서 느껴지기 때문에 실감을

하게 되며, 쉽게 공감, 감동을 하게 된다.

2차 의식의 이미지는 인지의 뇌가 재창출하고 모방하는 이미지이다. 그러기에 사물과 다를 수도 있다. 엉뚱할 수 있다.

이미지뿐만 아니라 비유(메타포)가 있어 더욱더 친밀하게, 실감나게 이해를 시켜준다.

〈담쟁이 - 도종환〉
저것은 벽 / 어쩔 수 없는 벽이라고 느낄 때 / 그때
담쟁이는 말없이 그 벽을 오른다.
물 한 방울 없고 씨앗 한 톨 살아남을 수 없는
저것은 절망의 벽이라고 말할 때
담쟁이는 서두르지 않고 앞으로 나간다.
 → 눈에 보이는 듯한 생생한 시각적 이미지와 은유가 감동을 준다. 행복과 쾌락을 준다. 그리고 카타르시스를 느끼게 한다.

〈나의 하나님 - 김춘수〉
사랑하는 나의 하나님 당신은 / 늙은 비애다
푸줏간에 걸린 커다란 살점이다
시인 릴케가 만난 / 슬라브 여자의 마음속에 가라앉은
놋쇠 항아리다.
 → 은유가 많다. 늙은 비애다, 살점이다, 놋쇠 항아리다. 그리고 이미지가 뚜렷하다.

- **소설 속에서의 이미지**

시는 이미지적 묘사가 아주 강하다. 반면 소설은 이미지가 덜 강하다. 그러나 이미지가 있어야 한다.

예: 이효석의 「메밀꽃 필 무렵」에서

"흰 메밀꽃들이 마치 눈처럼 희다. 달에서 짐승의 소리가 나는 듯하다."

→ 시각적·청각적 이미지가 뚜렷하고 눈에, 귀에 바싹 와 닿는다.

- **현대 문명의 이미지**

현대문명은 이미지의 세대이다. 본체보다 더 좋은 이미지(복사-카피)가 온 세상의 사물이 된다. 1차 의식인 개념보다 2차 의식인 이미지가 더 돋보인다.

6. 비과학적 사고

2차 의식(상상)은 비과학적인 사고이다. 엉뚱하며 이해가 안 된다. 그러나 공감이 가고, 시적인 프레임에서는 진실이며 사실이다.

예: "푸른 하늘 은하수 하얀 쪽배에 계수나무 한 나무, 토끼 한 마리… 가기도 잘도 간다 서쪽 나라로."

→ 비과학적이며 주관적이지만, 독자와 화자가 공감을 하며 개념을 공유한다. 뇌과학적으로 유추에 의한 사고에 감정(1차 감성)이 영향을 주었다.

1차 감성은 1차 감각 뉴런과 해마에 작용을 하여 지각을 형성한다.

2차 감성(정서 - 1차 감성과 이성적 사고가 fusion)은 상상적 2차 의식에 지대한 영향을 주게 된다.

7. 묘사

객관적 묘사: 개인 또는 화자의 주관이 들어 있지 않은 묘사
→ 소설에서 많이 나타난다.
  예: "화병에는 울긋불긋한 꽃들이 들어 있다."
주관적 묘사: 개인 또는 화자의 주관이 들어 있는 묘사
→ 내면적 묘사가 된다. 시에서 많이 본다.
  예: "빗방울이 창문에 떨어져 흘러내리니 내 마음이 아프다."

8. 주관적·내면적 사고: 묘사에서 표현으로

감성적 사고는 화자의 내적, 즉 마음을 내보이게 된다.
내면적 묘사가 강한 것은 시 문학에서 드러난다. 이런 경우 시 문학에서는 묘사를 표현이라고 한다.
표현보다 더 강한 내면적 묘사는 신에 대한 묘사가 되며, 이를 현현이라고 표현한다.

내면적 사고의 표현 예:
〈가을의 노래 - 베를렌〉
가을날 / 바이올린의 / 긴 흐느낌 / 단조로운 우울로
내 마음 쓰라려 / 종소리 울리면 / 숨 막히고 / 창백히
옛날을 추억하며 / 눈물짓노라 / 그리하여 나는 간다
모진 바람이 / 날 휘몰아치는 대로 / 이리저리
마치 낙엽처럼.
→ 청각과 시각적 이미지를 통해 시적 화자의 내면적 정서를 드러낸다.

〈시편 23편 – 다윗의 시〉

"하나님은 나의 목자시니 / 내게 부족함이 없으리로다…"

• 구체적인 감성의 표현 (뒤에서 다시 한 번 설명한다.) 주관적 감성

감성: 느낌, 욕망, 욕구, 감정(6가지)

감성의 표현은 구체적이며, 이를 통해 즐거움(혹은 슬픔)을 느끼게 한다.

그러기 위해서는 아주 구체적이어야 한다.

예: 김소월의 「금잔디」

"잔디 잔디 금잔디… 심심 산천의 금잔디… 가신 님 무덤가의 금잔디…"

→ 아주 구체적이다.

예: 윤동주의 「소년」

"손바닥 손금을 보니 강물이 흐른다. 그 강물에 사랑이 보인다. 순이의 얼굴이 강물에 보인다."

→ 구체적이며 내면적이다.

내적 표현에는 두 가지 방법이 있다.

1. Projection(투사)

2. Introjection(동화)

나의 내적 표현을 밖으로 내보내는 방법이나, 반대로 밖의 사물을 나에게로 끌어들이는 방법이다.

감정 이입과 객관적 상관물을 사용한다.

내면적 표현에서 감정 이입(Empathy)이 되는 경우는 이해와 동정이 같이 있는 것을 말한다.

Apathy(무감각):

대뇌피질(Cortical - 순수 인지)은 이해하나 감정은 없다.

Sympathy(동정):

인지기능은 약하나 감정이 더 강한 경우를 말한다.

Empathy(공감):

인지기능과 감성(감정)이 골고루 섞인 경우. 이해와 감성이 반반이라고 생각하자. → 주지문학, 모더니즘.

참고: 상상(은유)은 개념을 변형하고 숨은 곳에서 드러내 보여주기를 하여 개별적이고 분리되어 있는 이성적인 사고의 세계에서 완전히 다른 통합된 주관된 사고로 변형해 즐거움을 주게 된다.

사고 은유는 보이지 않는 전자파의 세계로, 형체는 보이지 않으나 존재한다는 사실이다.

문학은 예측과 예상을 하는 상상이라면, 종교는 믿음이라는 신뢰를 통한 상상으로 보이지 않으나 존재한다.

과거에는 기억이 눈에 보이지 않는 것으로 알고 있었으나, 에릭 칸델에 의해 기억이 실체가 있는 보이는 것으로 알게 된 이후, 기억으로 된 생각-사고도 존재와 형체가 있는 것으로 밝혀졌다.

→ 그렇다면 언젠가는 전자파로 된 상상도 보이지 않을까? (필자의 생각)

B. 각론 – 시문학

1. 시·문학에 대하여 (특징과 소설과 비교)

1) 시는 소설처럼 2차 의식의 상상의 문학이다.
2) 시는 문학의 최고의 경지이다.
3) 시는 2차 의식과 문학에서 설명된 문학 이론처럼 시각적 이미지를 만든다.
4) 시는 감정, 느낌을 표현·묘사하는 데 비해 소설은 목적이 있는 글, 즉 주제가 있는 글이다.
5) 시는 문장이 완전하지 않아도 되며, 리듬과 메타포가 있어야 한다. 소설은 문장이 완벽해야 한다. 청각적, 글을 통해, 이야기를 통해 이미지를 만든다.
6) 시는 묘사뿐만 아니라 내면의 드러남, 즉 표현을 하여야 한다. 소설은 내면의 묘사가 시에 비해 월등히 적다.
7) 시에서도 이미지, 감각의 표현 등을 통해 여러 분야로 구분이 된다.
8) 시는 묘사시와 진술시로 나눈다.
9) 사물(물질)시와 관념시(형이상학)에 대하여
　사물시는 밖의 사물과 인지의 뇌에서 형상화한 형상(이미지-사물)이 100% 같을 수 있다. 눈에 보이는 사물, 거울에 비친 것 같은 사물은 이미지 형상과 상상이 비교적 쉬우며 순수한 시로 발전된다. 관념시는 이미지가 없으므로 상상, 유추에 의한 메타포, 이미지 형상을 통해 관념을 드러내게 된다. 내적, 주관적인 감성이 드러나야 한다.

형이상학 시: 정신적, 철학적인 시.

10) 감성(감정), 정서의 영향에 따라 시는 서정시, 서사시, 정서시로 나뉜다. 뇌신경학적으로 비교하면 무감각(Apathy), 동정적(Sympathy), 공감적(Empathy)으로 나뉜다.

2. 시의 종류와 예문

1) 사물시(순수시)와 관념시 - 그 예

사물시는 아주 순수한 시이다. 사물이 전전두엽에서 형상화된 사물은 100% 같은 모양이다. 이렇게 형상화된 사물을 개념으로 해서 상상, 은유, 이미지를 만들게 된다.

사물이 워낙 선명하므로 있는 그대로 묘사하고 내면의 세계를 표현하게 되니 거의 정물화를 그리는 것과 같다. (사실寫實 - 사진으로 찍은 것 같은)

예: 김영랑의 「모란이 피기까지는」

"모란이 피기까지는 / 나는 아직 나의 봄을 기다리고 있을 테요.
모란이 뚝뚝 떨어져 버린 날 / 나는 비로소 봄을 여읜 설움에 잠길 테요."

- 내면의 감정이 Overflow된 서정시로 순수시가 된다.

관념시:

이미지가 없는 개념을 관념(Concept)이라 하며, 관념시는 관념을 상상·수사를 통해 이미지가 있는 상상으로 만들어야 한다. 이미지는 감성적, 내면의 표현이 되면 더 좋은 시가 된다. 형상과 이미지는 구분해야 한다.

예: 김광섭의 시 「내 마음」
"내 마음은 고요한 물결 / 바람이 불어도 흔들리고
구름이 지나도 그림자 지는 곳 / 행여 백조가 오는 날
이 물가 어지러울까 / 나는 밤마다 꿈을 덮노라."

마음이라는 보이지 않는 개념, 즉 관념을 다른 사람이 알기 쉽게 하기 위해 이미지로 고요한 물결을 가진 호수로 변형했다. 은유이다. 그리고 시각적 이미지가 들어 있어 쉽게 마음을 알 수 있다. 그리고 내면 세계를 표현하였다. 한편 서정이 흐른다. 고로 관념시, 서정시, 묘사시가 된다. 묘사와 진술에서 비교적 묘사가 많다. 서정시, 순수시의 성격을 띠고 있다. 은유를 통해 장소가 바뀌었다.

2) 묘사시와 진술시

시 쓰기에서 묘사(Description)는 아주 중요하다.

묘사에는 객관적 묘사와 주관적 묘사가 있다. 소설에서는 객관적 묘사가 흔하며, 주관적 묘사가 많을수록 시각적 시가 된다. 상상은 자아(Self)가 있으나 묘사가 될 때는 자아가 사라진다. 진술은 묘사보다 이미지 묘사가 적고 설명을 하게 되며, 객관적 묘사가 많아진다. 이런 경우 진술시가 된다.

참고: 서술은 1차 의식의 개념을 2차 의식으로 변형할 때, 개념의 연속으로 설명 또는 History telling이 된다.

3) Apathy, Sympathy, Empathy에 의한 분류

서사시(Epic): 이성에 의한 시. 감성이 없는 옛날 고전적·전설적 시들

예: 호머의 「일리아드」, 「오디세이」, 「길가메시」
Apathy, Apathic poem

서정시: 감성이 강한 시. 감정이 Overflow된 시.

낭만적인 시들로 대부분의 시에 해당되며 이해하기 쉽다.

이해하기 쉬운 이유는 감각신경을 자극하기 때문이다.

→ 주(主)정(情)적인 시, Sympathy, Sympathic poem, Lyric

예: 김소월의 서정시

정서적 시: 서정시에 비해 이성과 감성이 조화되는 시.

주지적으로 불리운다. 감동과 이해가 서정시보다 어렵다. 그러나 은유와 묘사가 많아 시적 가치는 제일 크다.

→ Empathy, Empathic poem - 모더니즘, 주지주의

4) 정형시, 자유시: 운율과 리듬에 의한 분류

빛은 파장, 파동이며 입자라고 했다. 파장과 파동은 결국 소리가 되며 소리의 높고 낮음에서 운율이 된다. 인간의 감각은 일정한 소리를 좋아한다.

이와 같은 인간의 본능적 감각이 운율을 만들었다고 생각한다. 소설에서도 운율이 있고, 고저가 있는 청각적 이미지가 있을 때 더 이해가 깊다.

5) 두 개의 다른 생각, 사고에 의한 문학의 사조, 변천

(시·소설 등 모든 장르) 이성적 생각, 감성적 생각 (정서적 생각)

(1) 고전주의: 이성적 사고를 중심으로 한 문학. 감성이 사고에 영

향을 주지 못해 마치 Apathy(무감정)에서 사고한 문학이 된다.

(2) 신고전주의: 르네상스에서 다시 옛 고전으로 돌아가는 운동이나, 역시 무감정한 사고가 된다.

(3) 낭만주의: 감성을 드디어 중요시하여 문학에 적용하게 되면서 이성 못지않은 감성, 정신세계 못지않은 육체를 중요하게 생각하게 되었다.

(4) 이성주의-사실주의: 다시 이성적 사고로 돌아감

(5) 감성주의-주정주의-상징주의: 다시 감성주의로…

(6) 모던이즘-현대시, 주지(知)주의: 다시 이성주의로

→ T. S. Eliot 시: 황무지

→ 감성이 없다 보니 모든 것이 황무지가 되었다.

→ 서정적(감성적) 시와 이성적 시가 어울리기 시작하는 시 — 모던이즘(정서적-Empathy)의 시작

→ 지나친 감성-서정에서 벗어나 이성적 시를 포함하는 시가 바로 모던이즘의 시가 된다.

→ '나'라는 주관적 감성에서 벗어나 객관적 상관물(T.S. Eliot)이 갖는 감성을 표현하므로 나의 감정을 조절하게 된다.

→ 결국 시도 감성적 사고와 이성적 사고가 합해지는 것으로 지향된다.

외로움의 표현을 감성-정서로 표현한 예

① 성경 속의 사도 바울:

"오호라 나는 곤곤한(외로운) 사람이로다. 누가 나를 건져 주랴…"

→ 아주 강렬한 감정 호소, 서사이다. Sympathy(동정)은 가지만 독

자의 마음을 울리지는 않는다. 이해하려는 독자의 마음이 강하지 않다.
→ 감성적 표현이므로 격정적이나 이해하지 못하는 사람도 많을 것이다.

② 예수님의 외로움의 표현:
"여우도 굴이 있고, 공중 나는 새도 깃들일 곳이 있으나 인자(예수)는 머리 둘 곳이 없구나."
→ 아주 강렬한 절규·호소는 아니나 이해(인지)가 되며 Sympathy가 되고, 독자는 생각하고 또 생각하게 되는 정서적(Empathy), 감정 이입의 글이 된다.
→ "굴"과 "깃들일 곳"이 객관적 상관물이 되지 않을까?
→ 정서적 Empathy의 문장이기에 오래 감동이 온다.
* 이상의 Contents는 소설에서도 적용된다.

(7) 포스트모던이즘 -모던이즘을 벗어난 사조.

6) 산문시와 산문의 차이
산문시의 예:
"새들도 빈집 문고리는 흔들지 않았다. 아침마다 대문고리에 얼굴을 비춰 보던 분. 고리에 고무줄을 매고 팔랑팔랑 나비처럼 날던 서울 손녀는 내가 본 최초의 천사였다. 몇 번 계절이 흐르는 사이 날개가 부러졌는지 천사는 내려오지 않았고 노인의 등은 점점 땅에 가까웠다."(이하 생략)   - 양안나, 「녹슨 문고리」 부분

→ 산문시는 이름 그대로 상상을 기초로 묘사, 내적 표현, 감각적 이미지를 갖고 있다. 산문은 그렇지 못하다.

7) 네 가지 시의 형태를 비교해 보자 - 시어에 대하여: 정서적 언어와 상상(메타포)의 언어.

필자는 어렵게 시를 써 보았다. 결국 네 가지 형태의 시를 창작했는데, 시를 쓰는 분들에게 도움이 될 듯하다.

첫 번째 시(詩)

"아침에 일어나 세수를 한다. / 어머니가 준 아침밥을 / 맛있게 먹는다." → 일상 언어 (개념·관념 그대로)

두 번째 시(詩)

"아침에 뜬 저 태양은 / 지구로부터 / 얼마나 떨어졌을까. / 빛의 속도로 4분, / 아 얼마나 되는 거리인가…"

→ 이성적 언어 (개념과 관념을 조금 확장한 것으로 첫 번째와 거의 다를 바 없다.)

세 번째 시(詩)

"나 보기가 역겨워 가실 때에는 / 말없이 고이 보내드리우리다. / 천사들이 노래하며 맞아 주시는 천국으로 / 내 마음은 그대의 얼굴."

→ 감성적 언어 - 정서적이지만 형용사, 부사, 감탄사로 내면의 감정을 표시하고, 운율·리듬이 있다. 이미지는 별로 없으나 감동과 즐거움, 동정을 준다. 전체 시의 70~80%가 정서적·서정적 시다.

네 번째 시

"아무도 그에게 수심을 알려준 일이 없기에 / 흰 나비는 도무지 바다가 무섭지 않다."

→ 상상적 메타포의 시, 이미지의 시

설명:

첫 번째 시는 '시(詩)'라고 말하기 때문에 시라고 인정해줄 뿐 실제로는 시가 아니다. 2차 의식의 첫 번째인 개념의 연속인 개념의 설명, 일반 언어를 시처럼 구성해 놓은 것일 뿐이다. 산문, 일반 설명문, 잡글이다. 그러나 이와 같은 말과 글이 인간이 살아가는 말과 글의 50%가 넘는다.

두 번째 시도 역시 시(詩)가 아니다. 2차 의식의 두 번째, 개념의 확장, 알고리즘일 뿐이다. 첫 번째보다 더 지적으로, 과학적으로 설명을 확장한 것이며 문학적 글이 아니다. 산문에서 과학적, 철학적 지식을 설명하는 글이다. 산문시도 아니다.

세 번째는 우리가 잘 아는 김소월의 시, 서정적인 글이다. 감성이 넘쳐 흐르는 서정적 시로, 상상·변형·묘사·이미지 등 시적 요소가 부족하나, 리듬이 있고 형용사, 부사, 감탄사에 의한 감정-내면을 표현하는 시로 전체 시의 70~80%를 차지한다.

네 번째 시는 김기림의 「바다와 나비」라는 모던이즘, 주지주의의 시로 상상, 은유, 묘사, 이미지, 내면 감정이 있어 시가 된다.

서정시는 감성의 Overflow로 자연적으로 쉽게 써지며 이해하기도 쉽고 동정, 감동이 가는 데 비해, 주지주의의 글은 이성적으로 치우치므로 머리를 쥐어짜내며 고심해서 쓰여진다. 그러므로 독자들은 이해하기 힘든 난해한 시가 된다. 형용사, 부사와 같은 정서적인 글에서 은유, 메타포와 이미지 중심이다.

세 번째와 네 번째 시 중 어느 시를 쓰고 즐기는가는 시인의 선택에 따라 다르다.

언어 - (필자의 정리): 2차 의식과 문학, 문장 비교
일반 언어, 개념의 확장의 언어, 정서적 언어, 상상적 언어를 통해 시의 종류를 나누어 정리해 보자.

① **일반 언어**: 개념과 개념들을 순서대로 서술(일화 기억)하고 설명을 한다. 문학이 성립되지 않는다.

예: 일기, 메모와 같은 글이 된다. 간단한 산문이 된다.

"나는 학교에 가서 공부를 한다. 오늘은 날씨가 덥다."

→ 고대 서사시(Epic)처럼 아무런 감성이 없는 서술?

② **개념의 확장**:

같은 개념이나 비슷한 개념을 알고리즘, 추론, 머신러닝하여 개념이 확장되어 말로(일화 기억) 표현된다. 철학, 과학이 된다.

→ 문학? 시 문학이 되지 못한다. '시도 아닌 시'

예: 개념의 확장된 말을 문장으로 서술하고 객관적으로 스케치하여 시처럼 행과 연을 가려서 쓴 글은 "시처럼 쓴 글"이지 "시가 아니다." → 시처럼 쓴 산문이다.

"사과는 둥글고 맛이 있다. 어머니가 준 사과는 유달리 맛있다." → 객관적으로 스케치하거나 묘사를 한 것일 뿐, 상상도 없고 유추도 없고 감각적 자극도 없다.

③ **정서적(감성적) 언어와 시**: (1차 단계의 시) – 주정(主情)적 시 2차 의식의 상상에 해당된다. 감성과 정서에 의존하는 시로 리듬이 있고 묘사도 있다.

→ 내면적 표현도 있고 감각적 이미지도 가끔은 있다.

리듬, 감각적 이미지, 상상도 있으나 정서적(감성)에 치우친 시들. Overflow of Emotion.

예: 김소월의 시 – "잔디 잔디 금잔디 / 심심산천의 금잔디."

→ 감성의 표현, 내면세계의 표현이 두드러진다. 훌륭한 시, 감동을 주는 시이다. 그러나 이런 시는 시로서는 금세기에 와서, 초보자의 시, 참된 시가 되지 못한다. 감동, 공감을 주는 훌륭한 시가 되지만 1차 단계의 시가 된다.

④ **상상적 언어의 시** (이미지와 비유 등이 있는 현대시 – 새롭게 보기의 창조). 2차 단계의 시: '이성적으로(지적으로) 쥐어짜는 시.' 주지(主知)시 – 모던이즘

금세기에 와서 시는 상상적 언어를 사용하여 감각적 이미지로 변환하고, 비유, 메타포에 의해 완전히 바꾼 시. 객관적인 묘사와 내면적 표현이 있어야 금세기가 바라는 시가 된다.

→ 주지주의적 모던이즘의 시

개념, 관념이 완전히 다른 이미지(5감각)로 변형되었고, 객관적·내면이 들어 있는 묘사가 있기에 이해하기가 힘들다.

8) 그림을 보고 시 쓰는 연습 방법

그림이란 시각적으로 형상화된 얘기가 들어 있는 개념이다. 이 개념을 가지고 2차 의식의 상상으로 들어가는 방법이 바로 문학의 창작

방법을 잘 설명해준다.

3. 시를 감상하며 이론을 이해해 보자

필자가 고른 몇 편의 시의 동기, 영감, 작법 등을 즐겨보자.

1) 「국화옆에서」 - 서정주 (서정적 시, 정서적)
"한 송이 국화꽃을 피우기 위하여
봄부터 소쩍새는 그렇게 울었나 보다…"
〈시 쓰기 과정〉
어느 날 시인 서정주는 국화를 보면서 시상(영감)이 떠올랐다.
→ 발상 - 소재 모으기가 시작된다. 소재는 개념인데, 감각의 뇌에 저장되어 있는 국화라는 기억을 개념으로 떠올린다.
→ (착상 단계에 들어간다.)
많은 국화들과 유사한 국화, 및 다른 꽃을 놓고 유추에 들어간다.
소재를 모아 구상 (History telling)의 단계가 길 수도, 짧을 수도 있다. 상상(유추), 수사(메타포), 이미지 형성, 감각적·내면의 표현 등을 통해 시를 창작하게 된다.
시의 어느 부분은 일상 언어, 개념의 확장도 있어야 문장이 성립된다. 상상(메타포)만 있는 문장, 묘사만 있는 문장은 없다. (소설의 경우는 더하다)

"한 송이 국화꽃을 피우기 위하여
봄부터 소쩍새는 그렇게 울었나보다.
---내 누님같이 생긴 꽃이여

노오란 네 꽃잎이 피려고
간밤에 무서리가 내리고
내게는 잠도 오지 않았나보다."

개념은 국화꽃이다.(1차 의식) 개념으로만 언어로 표현한다면, "국화꽃은 노란색, 흰색이 있고 향기가 있다."

그러나 2차 의식으로 상상에 의해 변형되면 국화꽃이 누님같이 생긴 꽃이 된다. 상상은 다소 약하나 감성적 이미지는 강하다. 은유라곤 직유, "내 누님같이 생긴 꽃이여…"

그러나 이 시는 상상, 메타포, 감각적 이미지 형성이 골고루 섞여 감동을 주는 시가 된다. 시인의 내면적 감정을 묘사한 것을 표현이라고 한다.

결국 1차 의식의 개념, 국화꽃이 누나, 천둥, 소쩍새 등으로 변형된 다른 이미지가 되어 독자들의 마음에 이해(이성), 감동(감성), 그리고 공감(정서)을 주는 훌륭한 시로 탄생되었다.

2) 「향수」- 정지용 (주지주의적 시)
"넓은 벌 동쪽 끝으로 / 옛 이야기 지줄대는 실개천이 회돌아 나가고 / 얼룩백이 황소가 / 해설피 금빛 게으른 울음을 우는 곳 - 그곳이 차마 꿈엔 들 잊힐 리야

질화로에 재가 식어지면 / 비인 밭에 밤바람 소리 말을 달리고 / 엷은 졸음에 겨운 늙으신 아버지가 / 질벼개를 돋아 고이시는 곳 - 그곳이 차마

흙에서 자란 내 마음 / 파아란 하늘이 그리워 / 함부로 쏜 화살을

찾으러 / 풀섶 이슬에 함추름 휘적시던 곳 - 그곳이 차마

전설 바다에 춤추는 밤물결 같은 / 검은 귀밑머리 날리는 어린 누이와 / 아무렇지도 않고 예쁠 것도 없는 / 사철 발 벗은 아내가 / 따가운 햇살을 등에 지고 이삭 줍던 곳 - 차마 그곳이

하늘에는 성근 별 / 알 수도 없는 모래성으로 발을 옮기고 / 서리 까마귀 우지지고 지나가는 초라한 지붕 / 흐릿한 불빛에 돌아앉아 도란도란 거리는 곳 - 그곳이 차마—."

〈시가 쓰여지는 과정〉
시인 정지용은 어느 날, 고향을 그리워하는 향수병이 찾아왔다.
고향? 충북 옥천이 생각난다. 실개천이 눈에 떠오른다. 황소가 떠오른다. — 영감이 오고, 발상이 된다.
질화로가 생각나며 밤을 구워 먹던 것이 생각난다. 어린 누이, 그리고 가난했지만 이삭 줍던 아내가 떠오른다.
초라한 초가집 그리고 까마귀가…
이상은 1차 의식의 개념들로 소재가 된다. — 착상과 소재(개념) 모으기가 계속된다.

개념들을 놓고 유추의 단계로 들어간다. (상상)
〈내 고향은 옥천, 시골집이 그립다. 아버지는 밭에 나가 일하고 돌아오면 질벼개를 베고 주무셨다. 밤에는 별들을 보았고, 질화로에 밤을 구워 먹으며 짚신을 짜기도 했다. 어린 누이와 아내는 밭에 나가 이삭을 줍기도 했다. 아, 이런 곳, 내 고향이 그립구나.〉
이상의 글은 1차 의식을 있는 그대로 서술한 글로 시가 되지 못하

나 약간 마음에 찡하는 감동이 온다. 사실, 과학자들도 이 정도의 서술하는 글은 쓸 수 있으며 감동이 온다.

그러나 시인은 여기에 상상을 더해 다른 이미지로 만들어 향수를 드러내 보이니 더 감동이 온다. 감각적 묘사, 이미지가 더 독자들의 마음에 또렷한 이미지를 불러준다.

"유추 – 상상 – 비유(수사) – 이미지 형성 – 객관적, 또는 주관적, 감각적, 구체적으로 드러내기… 마지막으로 마음, 즉 내적 표현을 하므로" 시가 완성된다.

고치고 상상하고 또 고치고 퇴고를 한다.
그리고 쓴 시… 아직도 마음에 안 찬다. 또 쓴다…
그리고 발표된 시…「향수」가 되었다.

해설:
정지용의「향수」에는 감각적 이미지가 넘친다. 넘치는 상상의 세계, 마치 내 고향에 돌아온 듯한 감정이 솟구친다. 이미지가 돋보인다. 메타포와 묘사가 이 시의 절묘함이다. 감각적 이미지라고 한다. 1차 감각(5감각)과 1차 감성(욕망, 욕구, 쾌락)을 자극해 주는 감성도 있다. 해박한 지식으로 남들이 못 쓰는 단어도 있다. 2차 의식, 문학은 〈이미지 형성〉이 중요하다. (1차 의식은 형상화뿐이다.)

• 김기림, 김광균 등과 더불어 모더니즘의 효시가 된다.

3)「진달래꽃」- 김소월 (서정시) – 감정이 Overflow하는 시
"나 보기가 역겨워 / 가실 때에는 / 말없이 고이 보내드리우리다

영변의 약산 / 진달래꽃 / 아름 따다 가실 길에 뿌리우리다
가시는 걸음걸음 / 놓인 그 꽃을 / 사뿐히 즈려밟고 가시옵소서
나 보기가 역겨워 / 가실 때에는 / 죽어도 아니 눈물 흘리우리다"

김소월 시인은 어느 날, 이별, 보내드리는 아픈 감정을 갖게 되며 시로 영감화한다.
"어떻게 보내나? 진달래꽃을 따서 보내야지…"
→ 개념을 모은다. 당신, 진달래꽃.

〈2차 의식의 글(구상)〉
"당신이 나를 두고 가신다니 영변에 가서 진달래꽃을 따서 당신 가는 길에 뿌려드리겠습니다. 그러나 나는 눈물을 흘리지 않겠습니다. 그냥 보내드리겠습니다. 패배자처럼…"
그리고 그는 1차 의식의 개념들을 놓고 역시 유추-상상-비유-이미지 형상-내적 표현을 통해 시를 완성했다. (2차 의식 상상으로)

해설:
서정적, 감각적 이미지와 내면의 세계가 직접적으로 피부에 와 닿는다. 비유, 메타포는 별로 없다. 묘사(시각적)가 진술(청각적)보다 훨씬 강하다.

「금잔디」
"잔디 잔디 금잔디, 심심산천의 불타는 금잔디
가신 님 무덤가의 금잔디…."

구체적인 감성, 감정의 표현의 극치이다.

"잔디? 금잔디. 어디에 있는 금잔디? 심심산천의 금잔디… 그것도 죽은 임의 무덤가에 있는 금잔디…"

→ 감각적, 감성·감정이 아주 구체적으로 표현되었다.

인간의 감각세포는 거의 같으며 비슷하기에 감각세포의 표현은 1차 감성 – 느낌, 욕망, 욕구(즐거움), 감정(6가지 구체적인 감정)을 떠나 지속적인 이성과 감정인 정서의 단계로 올라간다.

그러므로 인간은 누구나(한국 사람, 한국어를 사용하는 사람)에게 Sympathy와 Empathy를 갖게 되며 즐거움을 느끼게 된다.

→ 김소월, 나태주 등의 시인, 특히 서정시인의 시가 감동적으로 읽혀지는 이유가 여기에 있다.

4) 「무지개」 - 롱펠로우 (서정적, 상징적 – 감성적인 시)

"하늘의 무지개를 바라보면 / 내 가슴 뛰는구나 / 어렸을 적에도 그러했고 / 어른인 지금도 그러하다 / 나이가 들어도 그러기를 / 아니면 죽어도 좋으리라 / 어린이는 어른의 아버지 / 네 생활이 자연을 경외하는 마음으로 / 하루하루 이어지기를"

〈1차 의식의 개념〉

시인 롱펠로우는 어느 날 무지개를 보게 되었다. 그리고 영감을 얻게 되었다.

하늘에는 무지개, 보남파초노주빨, 7개의 가시광선으로 된 무지개.

"아름답다. 저 빛을 보는 것은 나의 눈, 망막일 게다. 어렸을 때 보던 그 무지개와 어른이 된 무지개, 무엇이 다를까?"

〈2차 의식의 글-시〉
1차 의식의 개념들… 무지개, 어린 시절에 본 무지개, 엄청난 자연 앞에 나는 아주 작은 존재… 에서,
→ 개념-유추-상상-비유-이미지 형성(객관적·주관적)-내면의 표현, 보여주기를 한 결과…

해설:
서정적, 낭만주의 시.
진술과 묘사가 있다. 수사 비유, 은유 "어린이는 어른의 아버지."
내면의 세계, 자연에 대한 경외를 표현했기에 이 시는 아주 훌륭한 시가 되었다.

5. 정서적 언어로 쓰인 글과 상상적 언어(메타포)로 쓰인 글 비교
〈「봉선화」 - 홍난파〉
울 밑에 선 봉선화야, / 네 모양이 처량하다 / 길고 긴 날 여름철에 아름답게 꽃 필 적에 / 어여쁘신 아가씨들 / 너를 반겨 놀았도다.

〈「봉선화」 - 이석〉
그 푸른 잎새 속에 / 층층히 밝은 / 초롱을 걸었다
한 알의 작은 꽃씨 속에 잠자던 / 여인의 피가
이 여름 봉선화로 되어 / 사나이의 채취 같은
더위를 안아 / 꽃은 저리도 붉었다
앞뒤 주변의 / 그 뭇 풀들이 / 너에게로 부득부득 기어오르고
이 계절에 지친 마음속에 핀 젊음은 / 진정 너같이 아름다운 것

꽃은 뉘에게로 언제나 / 한결같은 마음 / 그 마음으로 피어 있다.

C. 각론 – 소설문학

1. 소설의 정의와 특징

소설의 정의: 소설은 시와 마찬가지로 상상을 기본으로 한 문학으로 1차 의식의 개념을 이야기를 통해 청각적, 시각적 이미지를 만든다. 시와 달리 작가가 하고 싶은 말을 주제로 해서 이야기를 통해 개념들을 상상을 통해 이미지로 변형하여 목적에 도달하게 된다.

소설의 특징

1) 시각적인 공간의 개념, 1차 의식을 시간에 의한 이야기로 전환하는 시간의 문학이다.
2) 소설의 문장은 인과관계가 있으며 완전해야 하며, 과거의 얘기이다.
3) 시와 모든 것이 같으나 묘사는 객관적 묘사가 대부분이며, 내면적 표현이 적다.
4) 소설은 시와 더불어 상상, 2차 의식의 문학이다.
5) 소설은 청각적 이미지, 시간에 자유로운 장르이다.
6) 소설은 시에 비해 시각적 이미지보다 청각적 이미지가 강해 서술, 서사가 강하다.
7) 시는 감정, 감성을 표현하는 것에 비해 소설은 구성되고 목적 있는 교훈을 향해 서사된 문학이다. 서사란 어느 테마와 인물, 사건을 끌고 나가 어느 목적에 이르게 한다. 그러므로 시는 마치 "댄싱하는 것처럼 방방 뛰는 것"인데 비해 소설은 "걷는 것

(Walking)"이기에 어느 목적을 향해 걷는다. 소설은 묘사를 하되 외부적인 묘사가 많다. 그러나 감각적인 묘사와 주관적인 묘사까지도 돼야 한다. 그러나 시는 묘사를 넘어 표현에 이르게 된다. 표현이란 감각적 주관적 묘사에서 내면의 세계를 내어 놓아 변형된 형태(이미지, 은유)로 완전히 바뀌는 지경에 이른다. 시는 이미지로 형상화한다. 그러나 소설은 이야기로 형상화한다. 시는 Being(존재)을 노래하지만 소설은 Doing(행동=당위)을 추구하여 목적지로 도달한다. 시는 주제보다 사물의 감정과 태도를 드러내는 문학이나, 소설은 주제가 드러나며 주제를 이야기로 형상화시킨다. 소설은 이야기(시간)를 통해 시각적 이미지를 만들어야 한다.

8) 문장-소설의 3요소는 주제, 구성, 문체가 된다. 주제는 뇌신경학적으로 인지기능의 뇌 중 #10-Attention, 주의 영역에서 이루어진다. 한편 모방, 구성, 메타인지도 인지기능에서 만들어진다. 소설 창작을 위한 동기로 도파민의 분비가 강하다. 상상은 도파민에 의해 아리스토텔레스의 뇌에서 자극이 되어 인지기능을 활성화시킨다.

9) 구성의 3요소: 인물, 사건, 배경 → 이들 3요소는 인지기능에서 이루어진다.

10) 소설 창작은 시 창작보다 더 서사적이며, 이성적이며, 보편적, 과학적인 측면이 많다.

11) 소설의 종류: 단편, 장편 등

12) 소설의 시점: 1인칭 등

13) 시간과 공간 - 시와 소설

칸트는 말하기를 인간은 공간과 시간으로부터 자유롭다. 즉 공간과 시간을 이용한다는 말이다. 1차 의식은 공간이며 2차 의식은 시간이다. 시, 소설은 상상의 문학이다. 이것은 시와 소설은 공간과 시간을 허구화할 수 있다는 말이다. 메타포가 상상이며 유추가 상상이며 이미지이다. 시와 소설은 다른 것 같으나 결국은 같은 문학이나 시간과 공간을 허구화하는 데 방법의 차이가 있다.

1차 의식의 개념(기억)은 저장되면 과거가 되나, 다시 인출되어 나오면 현재가 된다. 형상이 있는 개념은 형상이 없는 이미지로 공간의 바뀜이 생기며, 형상 없는 관념은 공간이 있는 이미지로 바뀐다. 시, 특별히 정형시는 감정의 순간적 표현이기에 원칙적으로 시의 시제는 현재가 된다. 반대로 소설은 목적을 위해 인물, 사건, 배경 등 시간을 다루므로 과거로 된 문장이 된다.

(이상은 원칙적인 의미에서… 물론 예외도 많다. 과거로 쓴 시, 미래로 쓴 시, 아니면 혼합된 시도 있음.) 그러므로 시적 허구에 의한 시어나 소설적 허구에 의한 서사는 시간이 흐르게 된다.

14) 소설의 구성(배경, 인물, 사건), 문체(산만형, 강한 문체, 정서적, 서서적 등의 특징)도 역시 인간이 저장해 둔 기억(경험), 단기, 장기기억 등, 즉 수많은 개념을 어떻게 인지의 뇌에서 동기, 계획, 실행을 하는가에 달려 있다. 즉 연합 뉴런에 저장된 개념의 표현이다.

소설 작법과 시 작법의 차이

1) 소설이나 시 작법은 큰 차이가 없다. 단편소설이든 장편소설이

든 큰 차이가 없다. 시 한 편 쓰는 데 드는 시간이 정해져 있지 않 듯이 소설도 그러하다.

2) 시에서 언급된 영감, 착상, 유추, 이미지 형성, 수사, 상상, 묘사 등이 다 같으나 시와 다른 것은 소설은 다소 객관적 묘사와 서술을 많이 하여 인물, 장소, 사건이라는 소설적 특성을 살려야 한다.

필자의 창작 방법 실예

필자는 영감을 간절하게 기다린다. 어느 순간 불현듯 떠오르는 영감, 비록 그것이 작은 것이라고 해도 필자에게는 고마웠다. 대충 떠오르는 스토리가 영감에 의해서 부분부분 떠올랐다. 소재, 즉 개념을 노트북에 적어 넣고 각 개념을 구글을 통해 그리고 다른 방법으로 공부해 넓고 깊은 개념으로 만들었다.

주제는 대부분 정해진다. 그리고 그 주제에 충실하게 기발한 아이디어를 생각해 보았다. 소재(개념)를 가능한 자세하고 진실된 팩트로 모았다.

인물은 가능한 필자와 같은 나이 또는 근처로 만들어 글쓰기에 혼동이 없게 노력했으며, 배경은 철저히 필자가 아는 장소를 택했다.

한국이라고 해도 필자가 아는 곳, 나의 고향 충북 도안, 증평, 청주, 그리고 서울, 공군 복무를 했던 광주, 전라도, 수원, 서울 그리고 내가 잘 아는 곳으로…

사건도 내가 아는 사건, 자신 있게 설명할 수 있는 사건들로 했다.

단편은 운이 좋으면 하루 저녁에, 아니면 몇 개월…. 장편도 운이 좋으면 1~2개월, 아니면 1년…. 그리고 퇴고, 퇴고…. 소설 창작, 재미는 있으나 노동이었다. 쉽게 발표되는 소설도 있으나, 발표를 보류한 작품도 꽤 많다.

퇴고 후…, 1년, 2년 후에 다시 재퇴고를 하기도 한다. 새롭기 때문이다. 영감이 없고 소재도 없으면 옛날 써둔 글, 아니면 발표된 소설을 놓고 다시 고쳐본다. 새롭다.

소설과 시 창작은 거의 같다고 본다. 아니, 시가 좀 더 힘든 것 같다. 시는 은유, 묘사, 상상, 이미지 등이 소설보다 조금 더 힘들고 어렵다. 시는 주관적 묘사, 감각적 이미지를 사용하므로 소설에서도 자주 사용한다면 명문장이 될 것 같아 필자는 뒤늦게라도 시 공부를 시작했다.

이미지와 은유를 사용하는 소설이 절실하다. 필자의 소설은 비교적 개념의 확장(이성적, 과학적)이 많았으며, 객관적 묘사도 시원치 않았기에 좀 더 노력해야겠다. 돌이켜보면 필자는 내과의사로 많은 환자들을 진료한 것이 소설 창작에 지대한 도움을 주었다.

어찌 보면 소설 창작은 감성적 시 창작과는 달리 과학자적인 치밀한 구성과 표현이 요구되는 바, 내과 의사인 내게 아주 적합한 행운이었기에 많은 장·단편 소설을 창작한 것 같다.

2. 필자가 좋아하는 단편과 장편 소개
소설의 예문: 단편소설
1) 「등대지기」 - 쉔키에비치
필자는 폴란드 작가 헨릭크 쉔키에비치의 단편 「등대지기」를 여러 차례 읽고 기억해 두었다. 감동이 되기도 하지만 소설 쓰기에 아주 좋은 표본이 되었기 때문이다.

"조국에 대한 사랑", "자연에 대한 경외", "내면의 심성을 간절히 표현하였다."

마음이 아주 깨끗해지는 단편소설의 진면을 본다. 서정시와 서정적 단편은 거의 대동소이하다고 본다. 결국 시는 소설이다. 그리고 상상이다.

소설 작법은 어떻게 되었을까? 소설은 시 창작과 대동소이하다. 영감이 떠오르면 인지의 뇌는 개념들을 모으게 된다. 「등대지기」의 경우, 주제는 조국에 대한 사랑, 애국심이다. 작가는 폴란드 사람이므로 조국 폴란드를 떠올린다. 조국을 사랑하는 망명자, 정처 없는 방랑자로, 1차 대전 그 후 뉴욕에 거주하는 폴란드 사람을 개념으로 떠올린다. 조국, 시골이 생각난다. 폴란드 시인의 시집… 이 모든 것들이 1차 의식의 개념이 된다.

이들 개념을 통해 유추(유비추론, Analogical Inference)를 하면서 상상(연상, 창조형, 설명형), 수사(메타포), 이미지 형성, 내적 표현, 감각적 이미지… 시와 다를 바 없으나 시에 비해, 서술, 묘사, 서사가 강력하다.

소설의 3요소 - 주제, 구성, 문체에 이어, 구성의 3요소인 인물, 배경, 사건을 도입-전개-갈등-반전 있는 결말로 소설을 창작하게 된다.

소설은 퇴고가 아주 중요하다. 퇴고란 기억의 인출과 유추, 그리고 공고화가 된다.

소설에서도 시와 더불어 감성-감정, 정서가 사고에 깊이 작용을 하게 되어 서정적, 서사적, 그리고 정서적인 글로 된다.

2) 「별」- 알퐁스 도데

필자가 소년 시절 가슴속 깊이 감동했던 단편소설을 소개한다. 낭만적이며, 자연주의의 소설. 서정이 깊숙이 깃든 단편소설은 나의 심금을 울려주었으며, 소설가로서 늘 본받고 싶은(모방하고 싶은 - 모방은 창작이다) 작품이다.

상상력, 묘사, 이미지 형성은 시와 같은 정도이다. 자연주의, 낭만주의, 서정적인 소설이다.

3) 「큰바위 얼굴」- 호손

필자는 이 소설을 통해 구성의 묘를 배웠다. 인물의 특징 변화, 절묘한 배경, 박진감 있는 사건과 사실적인 묘사를 나는 모방하였다.

마지막의 반전과 철학적 침묵을 통해 소설 작법을 스스로 익혔다.

4) 「레미제라블」- 빅토르 위고

장편소설의 모방은 바로 「레미제라블」이었다. 특히 구성과 주제의 웅대함을 실감하며 "나도 한번 이런 소설 써보련다."

한 장면: 어린 코제트가 추운 겨울날, 큰 물통을 들고 우물가에 가서 물을 긷는다. 이제 물통을 들려고 손을 물통에 대는 순간, 큰 물통이 위로 들리운다.

"아-" 코제트는 신음소리를 낸다. 그리고 뒤를 돌아본 순간, "아!" 큰 손으로 물통을 든 거구의 사나이가 보인다.

"놀람과 기쁨", "양과 음", "+와 -", "감각신경과 운동신경"

필자는 이런 종류의 감성적인 글을 써보고 싶었다. 마음속에 파고드는 "내면적 이미지가 있는 문장"을 쓰고 싶었다.

D. 수필문학 vs 에세이

수필은 문학의 장르에서 모호한 위치에 있는 것으로 알고 있다. 미국식 에세이(Essay)와 한국식 수필에는 차이가 있음을 알고 있다.

미국식 에세이는 문학의 정의 중, 상상을 거치지 않고 2차 의식의 개념 확장에 해당되는 논술이기에 문학이라고 부르기에 아주 애매하다. 미국식 에세이, 주로 학생들의 리포트에 사용되는 논술로 도입부-중간부-결말로 되는 아주 획일적인 방법이다.

수필문학 (특히 한국에서)
에세이라고 표현하는 사람도 있으나, 엄밀히 보면 다르기에 구분을 해야 한다. 한국에서 말하는 수필은 문학으로 하는 글이기 때문에 에세이와 다르다. 시각적 이미지를 강조하는 시와 청각적 이미지를 강조하는 소설, 서사에도 접근하여야 하기 때문이다.

수필은 나를 주인공으로 사실을 서술하다 보니 문학으로 되기가 힘들어 상상은 제한적으로 하나, 주관적인 감성과 묘사를 하게 된다.

이러한 변형이 있을 때 수필문학이 된다고 수필가들은 주장한다.
1) 묘사를 해야 한다.
2) 작가의 내면, 서정적인 감동을 주는 글이 되어야 한다.
3) 수필은 시와 소설의 형식을 갖춘, 1차 의식과 2차 의식을 공유하고 있어야 한다.

〈수필문학의 예〉
1) 「기억과 해석의 힘」 - 수필가 신재기

신재기 수필가의 교재 『기억과 해석의 힘』은 마치 해부학과 뇌·신경과학을 모르지만 인문학적으로도, 마치 칸트가 설명하듯이 수필에 관해 아주 자세하게 설명하였음을 느끼게 한다.

2) 에세이

미국의 중고등학교, 대학에서 학습용으로 에세이는 필수가 된다. 에세이는 과학, 인문학의 리포트로도 사용된다. 에세이는 철저할 만큼 순서, 구성에 따라서 해야만 통과가 된다. 주로 이성적인 사고를 다루는 내용이 많기에 문학으로 볼 수가 없다. 대학 입시, 평가에 사용한다. 그러므로 한국에서 말하는 수필문학과는 큰 차이가 난다.

E. 평론

평론은 뇌신경학적으로 보면 제1차 의식과 2차 의식의 개념 확대에 속한다. 작품(들)을 개념(들)로 보고 있는 그대로 평론가의 평가, 해설을 하게 되는데, 이것은 2차 의식의 개념 확대이다.
그러나 평론은 문학의 한 장르로 아주 중요하다.

Chapter 8

의식의 흐름과 문학

Stream of Consciousnes

Chapter 8

의식의 흐름과 문학
Stream of Consciousness

A. 의식의 흐름(Stream of Consciousness)과 유사한 말들
〈생각의 열차, 개념의 흐름, Flight of Idea〉

1. 1차 의식의 흐름

1) 플라톤, 아리스토텔레스, 칸트 그리고 에델만은 밖의 사물을 뇌에서 형상화하여 기억을 만들고, 기억을 범주화하여 개념(Idea)을 만들어 감각신경의 뇌에 현재가 있는 그림으로 저장한다는 사실을 알아냈다.

에델만은 이를 1차 의식이라고 부른다. 1차 의식의 개념(Idea=단어)은 저장, 인출, 공고화라는 기억의 4단계를 거치지만 개념은 뇌속에서 꾸준하게 물처럼 흐르고 있어 이를 의식의 흐름(Stream of Consciousness)이라 부른다. (1890년대, William James)

이때의 의식은 Visual Thinking(현재만 있는 그림으로 - Vsual image)으로 흘려 보내거나 다시 돌아와 생각이 되며 창의성을 갖게 된다. 개념은 몇 개나 되나? 인간은 약 10만 개 정도가 된다. 엄청난 숫자이다.

2) 이렇게 1차 의식의 흐름을 기억해서 쓴 문장들은 의식의 흐름에 의한 문장, 문학 창조가 된다. 예: 「율리시즈」, 「길가메쉬」 등

3) 그림(회화)에서는 1차 의식은 사물을 있는 그대로 형상화하는 것

이므로 마치 사진기로 사진을 찍는 것과 마찬가지이기에 사물을 있는 그대로 그리는 것은 현재에 와서는 예술적 의미가 없게 된다.

4) 1차 의식은 Visual, 즉 시각적 이미지이기에 음악은 큰 의미가 없다.

5) 의식의 흐름은 다른 말로 자유연상이며, 정신의학자 프로이트(Freud)의 무의식기억에 해당한다.

2. 2차 의식과 의식의 흐름

1) 2차 의식이란 시각적 그림으로 된 1차 의식의 개념을 청각적 얘기(말)로 바꿔 표현하여 생각을 만드는 것을 말한다.

2) 인간의 소통방법: 언어에 의한 소통과 비언어적인 소통방법으로 나눈다. 인간의 뇌는 수의 운동(Voluntary Action)과 불수의 운동(Involuntary)을 한다.

수의 운동: 근육 운동, 안면 운동, 언어(Language)

불수의 운동: 자율신경운동, 반사작용

이들 운동 중, 언어운동(Language)으로 인해 2차 의식이 생긴다. 동물은 말을 못하기에 2차 의식이 없다. 결국 말(언어)에 의한 소통은 7% 정도라고 하며, 나머지는 기타 운동에 의하나 역시 말에 의한 2차 의식이 소통의 근본이 된다.

3) 말에 의한 생각은 3가지가 있다고 설명했다. 문제는 말로 나오기 전까지의 개념들은 머릿속에서 흐르고 있어 생각의 흐름이 된다. 시각적 그림으로 된 1차 의식이 말에 의한 청각적 이미지, 즉 Story telling으로, 그리고 상상으로 변하였으나 아직 입 밖으로 나오지 않은 상태의 의식을 의식의 흐름으로 본다.

4) 의식의 흐름과 문학

a. 문학: 이 상태의 의식을 글로 문장화하면 문학이 된다.

b. 미술: 시각적 이미지를 있는 그대로 그리는 그림에서 다른 형상으로 바꾸는, 즉 다르게 편집하는 회화가 추상화가 된다.

c. 시각적 이미지를 악보라는 부호로 소리를 바꿔 표시하는 것이 음악이다.

5) 2차 의식의 완성: 말에 의한 생각. 의식의 흐름이 아닌 의식의 표현이 된다.

6) 필자의 생각으로는 의식의 흐름과 소설이란, 결국 1차 의식의 개념들을 구성 없이 말로 그리고 글로 쓴 개념의 연속이라고 본다.

B. 프로이트(Freud)의 무의식, 잠재의식

구체적인 내용은 생략함

1. 프로이트는 의식의 뒷편에 무의식, 잠재의식이 있다고 했다.

프로이트는 의식보다 무의식과 잠재의식이 훨씬 더 많고 깊다고 했다.

2. 꿈과 꿈의 분석

인간의 24시간은 다음과 같다.

16시간: 각성 상태

7시간: 수면

1시간: 꿈

꿈과 수면은 의식의 연장이지만 각각의 작용과 의미가 있다. 인간은 각성-수면-REM(꿈)-각성-수면-REM으로 반복한다. 꿈은 낮에 각성 중에 얻은 기억을 실습해 보아 공고히 하는 시간이며, 잠은 해마에 저장된 기억을 감각의 뇌에 저장하는 기능을 갖고 있다.

C. Flight of Idea

의식은 흐르며 2차 의식으로 변해 말을 통해 표현되어 생각(Thought)이 된다. 생각은 일상적인 언어, 이성적, 그리고 감성적 언어(생각)가 되어 소통이 된다. 그러나 정신이상자(Schizophrenia, 조현병) 등의 Psychosis의 경우, 생각이 되지 못하게 된다.

이를 Flight of Idea라고 한다.

Chapter 9

뇌·신경과학, 양자역학(QUNTOM)과 새로운 시문학 이론

(간단한 코멘트와 정리)

Chapter 9

뇌·신경과학, 양자역학(QUNTOM)과 새로운 시문학 이론
(간단한 코멘트와 정리, 존경하는 홍문표 교수의 강의 참조)
한글과 훈민정훈 –한국문학의 자부심
필자의 하고 싶은 말 한마디

A. 뇌·신경과학과 문학

필자는 개념의 형성, 개념의 연속, 개념의 확장, 개념의 변형-상상(은유-이미지)을 토대로 문학을 설명해 보았다.

형상화와 이미지 형성의 관계를 추론과 유추, 알고리즘과 아날로그, 그리고 디지털로 설명해 보았다. 머신 러닝(Machine Learning)과 디프러닝(Deep Learning)의 관계를 1차 감각신경 뉴런, 2차 감각 뉴런(연합 뉴런 – Interneuron)과 전전두엽의 Working Memory로 설명이 가능하다고 설명했다.

  1개의 뉴런 → 개념의 연속 → 일반 언어
  2개의 뉴런 → 개념의 확장 → 이성적 언어
  3개의 뉴런 → 개념의 변형, 상상, 은유 → 감성적 언어
          → 문학의 본질

• 그러나 완성된 문학이 되려면 위의 3가지 언어가 다 포함돼야 한다고 생각한다.

B. 한글과 훈민정음 - 국문학

훈민정음의 창제와 그 과정을 살펴보면 참으로 과학적인 사고와 방법으로 모음과 자음이 만들어졌음을 알 수 있다. 음을 통해 한국문학이 저절로 도출되는 것을 알게 된다.

세종대왕과 집현전 학자들의 천재성과 문학성을 높이 평가하며, 세종대왕이 주신 한글로 매일같이 소설 창작으로 즐거움을 느끼는 필자에게는 더욱 고맙기만 하다.

C. 양자역학과 문학

1. 우주-인간의 뇌-문학 (주: 아직은 확정된 것은 아니다.)

육체적(물질적) 뇌 - 즉 Flesh Brain과 정신적(마음적) - Mindful Brain을 설명해 주는 학문으로 생각하고 기대한다.

필자는 본문에서 중간중간 양자역학에 관한 설명을 하였는데, 아주 초보적인 수준이나 그런대로 문학을 설명하는 데 도움이 되었다고 생각한다.

양자역학은 물리학의 한 분야이다. 원소 이하의 작은 물체를 다루는 학문이다. 그러나 양자역학은 실제 AI, 반도체 등 어느 분야에서든지 사용되고 있다. 그러므로 고전 물리학과 현저하게 다름을 알게 된다.

양자역학으로 본 문학

필자는 홍문표 교수와 이청 교수의 양자역학과 문학 강의를 들으면서 몇 가지 배운 바, 생각을 정리해 보게 되었다.

1) 태초에 말씀(Logos)이 있었다. 아니, 태초에 빅뱅(Big Bang)이 있었다. 그리고 우주가 형성되었다.

2) 온 우주에 원소가 가득 차게 되었으며 암흑과 혼돈이었다.

3) "빛이 있으라!(Light)" 하니 빛이 있었다.

4) 그리고 물질(사물)들이 형성되었다.

5) 물질의 단위는 원소(원자+전자)가 된다. 원소는 항상 불안하다. 왜냐하면 전자(e)의 궤도가 8개가 되어야 안전하기 때문이다. 8개가 되어야 안전한 물질이 된다. 결국 전자는 다른 원소의 전자와 합하려 하다 보니 부딪치고 당기고 하면서 ENERGY를 만들어 낸다. 이 에너지는 물질을 전기의 에너지로 움직이게 한다. 원자는 다른 원자와 합하여 분자가 되고 세포가 되고 조직이 된다. 이 과정에 DNA가 세포 속에서 항상성(Homeostasis)을 유지한다. 결국 여러 종류의 물질(사물)이 만들어진다. 빅뱅의 원소는 물질이 형성되고, "너와 나"도 태어나게 되었다.

6) Logos, 즉 하나님은 빛을 창조했다. 아니면 빅뱅 후에 진화론적으로 빛이 형성되었다고 해도 좋다. 빛은 2원론적이다. 원소도 이원론적이다. 빛은 파장, 파동이며, 입자이다. 원소도 그렇다. 관찰자가 볼 때는 입자이나 보지 않을 때는 전자파동이다. 파동, 파장은 좌충우돌하면서 움직인다. 그리고 소리를 낸다. 소리는 고저, 리듬이 생기면서 음악이 된다.

그리고 소리는 말이 된다. 말은 시간이며 인과법칙에 의해 움직인다. 말은 2차 의식이다. 말은 개념을 말을 통해 생각이 되게 한다. 말은 이성적인 말과 감성적인 말이 된다. 말은 생각과 사고가 된다. 감성적인 말은 상상, 유추, 메타포, 감각적 이미지를 만든다. 결국 말은 문학을 창조한다.

7) 물질을 어떻게 구분, 인식하나? 원소와 빛의 입자는 물질을 만든다. 빛은 색깔을 가지고 있다. 가시광선은 보·남·파·초·노·주·빨, 즉 7가지 색깔이다. 7가지 색깔로 물질을 구분하여 물질을 알아내고 이름을 짓는다. '내 눈에 보이는 너'는 빛의 색깔로 구분한 물질이다.

- 양자역학의 2중성: 진리는 하나가 아니다. 파동에 의한 진리, 입자에 의한 진리라고 한다. 진리는 하나라는 고정관념에서 벗어나야 하는데, 시인은 이미 고정관념에서 벗어난 시를 창작했다. 시인은 은유를 통해 다른 곳으로 끌어내기(은유)를 한 것이다. 파동에서 입자로 변형시키는 것이 상상이요 은유다.

- 시는 분열된 세계를 통합한다. 은유를 통해 다른 세계를 통일한다. "내 마음은 호수요…" 마음과 호수가 같다는 말이다. 거시적인 물리학으로는 다르나, 미시적 은유를 통해 같다는 말이며 실제로 양자역학으로 보면 같은 원소의 모임이다.

- 시인은 그러므로 제2의 창조자가 된다. 존재라는 의식을 가진 자는 인간뿐이기에 그렇다. 시인에 의해 새롭게 창조된 이미지는 현실이 되기 때문이다.

- 이미지란? 파동으로, 입자로 만들어진 이미지란 결국 색깔을 구별하는 것이다. 색깔은 전자가 부딪쳐서 색깔이 되며, 보남파초노주빨이라는 가시광선을 인간은 보게 된다.

전자의 불꽃놀이가 이미지이며 색깔이다. 첨단과학(신경과학)으로 이미지를 구별하게 된다.

- 사물은 하나이다. 생물, 무생물 등 모두가 원소라는 Matrix로 연결되어 있어 더불어 사는 공동체가 되었다. 거시적, 즉 고전 물리학으

로는 생물과 무생물은 구분되나, 미시적 양자학으로는 동일하다.

8) 물질은 원자와 전자가 궤도에 꽉 차 있어 안정하다. 창조주(하나님)는 우주를 만들고 빛을 만들고 바다를 만들고 만물을 만들고…… 마지막 날에 흙으로 사람을 만들고 그 코에 하나님의 혼을 불어 넣어 영장류라는 고귀한 인간으로 창조하셨다. (창세기)

이것은 화학적 작용이요 창조의 원리이다. 인간의 탄생도 원자들이 안전하게 붙어 분자, 세포 그리고 인간을 만들었다. 그 안에 들어 있는 DNA에 의해서 생명을 유지한다.

인간은 원소가 그러하듯이 불안정한 원소가 만나 분자가 되어 안정을 유지하고 있을 뿐, 언젠가는 분해되어 불안정한 원소가 된다.

원자, 전자는 뭉치고 헤어지고 뭉치고 헤어지고…… 영원불멸한다. 질량불변의 법칙이다. 인간이 생존할 때는 입자로 되었다가 죽으면 파동이 되어 흩어진다. 그러므로 인간에게는 이별은 없다. 언젠가는 또 만나기 때문이다.

〈인간은 인간이기에 외롭다. 외롭기에 운다고 한다.〉

정호승의 시 「수선화에게」를 가지고 석학 홍문표 교수는 아주 절실하게, 은혜스럽게 강의를 해주셨다.

"울지 마라
외로우니까 사람이다.
살아간다는 것은 외로움을 견디는 일이다.
공연히 오지 않은 전화를 기다리지 마라.

눈이 오면 눈길을 걸어가고
비가 오면 빗길을 걸어가라.
갈대 숲에서 가슴 검은 도요새도 너를 보고 있다.

가끔은 하나님도 외로워서 눈물을 흘리신다.
새들이 나뭇가지에 앉아 있는 것도 외로움 때문이고
네가 물가에 앉아 있는 것도 외로움 때문이다.

산 그림자도 외로워서 하루에 한 번씩 마을로 내려온다.
종소리도 외로워서 울려 퍼진다."

9) 그러나 때가 되면 안정된 전자 궤도가 무너지면서 물질은 분해가 되고 사라진다. 이것이 바로 죽음이다.

전도서에서: 인간은 흙으로 왔으니 흙으로 돌아가고 영은 하나님께로 돌아간다. 라고 했다. 인간은 죽은 후에 흩어진 원자, 전자는 정보로 영원히 우주에 흩어진다.

그리고 때가 되면 다시 재결합하여 물질이 된다.

(성경: 심판의 날 – 다시 불안정한 원자·전자는 창조주 앞에서 다시 안전한 분자·세포로 변해 영원한 축복을 누리게 된다.)

10) 인간은 죽음 앞에 공포를 갖는다. 인간은 동물과 달리 공간과 시간으로부터 자유로우나, 공포(Fear)를 갖는다.

동물도 그러하다. 만물의 영장류인 인간은 죽음에 대한 공포를 갖는다. 죽음에 대한 공포에서 벗어나고자 인간은 신에게 다가간다. 그

것이 바로 믿음과 종교다.

그리고 죽음의 공포로부터 해방되기 위해 문학을 하여 즐거움과 행복을 느끼며, 죽음으로부터 해방되어 구원받고자 한다.

이것이 바로 구원 문학이며, 문학을 하는 가장 큰 이유가 된다.

문학과 종교는 2차의식의 세 번째 방법인 상상(유추-이미지)의 세계이다.

11) 양자역학이나 다른 방법으로 인간은 믿음에 관한 증명을 하게 될 것이다.

"믿음은 바라는 것의 실상이요 보이지 않는 것의 증거"라고 했다. (히브리서 11장 1절)

- 주: 문학은 바라는 것, 예측하는 것, 상상의 실상이며 보이지 않는 세계를 말과 글로 증명해 보이는 것이다.

12) 필자는 결론으로

인간의 2가지 다른 생각-사고는 이성적 사고와 감성적 사고라고 했다. 이성적 사고로 철학과 과학을 발전시켜, 마침내 뇌·신경과학과 양자역학을 통해 창조된 뇌속에서 이루어지는 신경세포, 시냅스, 전기-화학 반응이 의식임을 알게 되었다.

- 인류 역사를 보면, 이성적(과학적)인 과학자들은 물질 세계를 중시하고 감성적인, 즉 정신적인 세계를 경시해 왔다. 물질세계와 정신세계는 다른 것으로 보았으나, 과학자들은 정신세계도 역시 물질세계와 같음을 증명하게 되었다. 의식과 마음이 물질세계와 같음을 알게 되었다.

반면, 감성적 사고로 무한한 유추, 상상, 이미지 형성과 내면세계의 경외심을 통해 문학을 알게 되고, 믿음을 통해 종교(하나님)를 알게 되었다. 이들도 역시 양자역학으로 상상의 세계임을 알게 되었다.

상상의 세계가 뜬구름 잡는 막연한 것이 아니고, 과학으로 증명되는 실세계임을 알게 됐다. 이성적(과학적-과학자) 사고와 감성적(감성적-시인) 사고가 마침내 서로 만나 서로를 알게 되었으며, 창조주를 알게 되었으니 이 얼마나 감동스러운가!

뿐만 아니라 믿음으로 이루어지는 종교(기독교는 물론 불교)를 증명하게 된다. 인성과 신성의 이중성인 성부, 성자와 보이는 현상과 보이지 않는 현상도 이해가 된다.

- "내가 하나님 안에, 하나님이 내 안에……"라는 말씀이 오묘한 종교적 진리로 설명이 된다. 불교의 교리도 그러하다.
- 병치료, 상담치료, 플라시보, 간절한 상상-묵상 기도는 생각을 바꾼다. 보이지 않는 생각도 양자역학으로 보면 변화가 있어 면역이 증가되며 병도 치료가 된다.

이와 같은 변화는 MRI, PET 등의 방법으로 증명이 된다.

13) 인사

필자는 "뇌·신경과학, 양자역학을 통해 본 새로운 문학의 이론"을 저술하며 큰 기쁨을 느끼며, 홍문표, 유성호, 김종회, 이청, 고(故) 최병호 교수님들에게 머리 숙여 감사를 드린다.

양자역학은 아직 확정된 이론이 아니므로 더 공부하여 다시 증보판도 출판하기로 한다.

– The End, "SDG"

14) 총정리 도표 (부록)

이 논서를 하나의 도표로 정리하였으니 이제 이 도표를 충분히 이해했으리라 믿는다.

　총정리 도표는 지난 2500년의 생각·사고의 역사를 이해하게 되는 길이다. 플라톤-아리스토텔레스-칸트-에델만으로 이어지는 방대한 생각·사고의 역사가 된다.

총정리

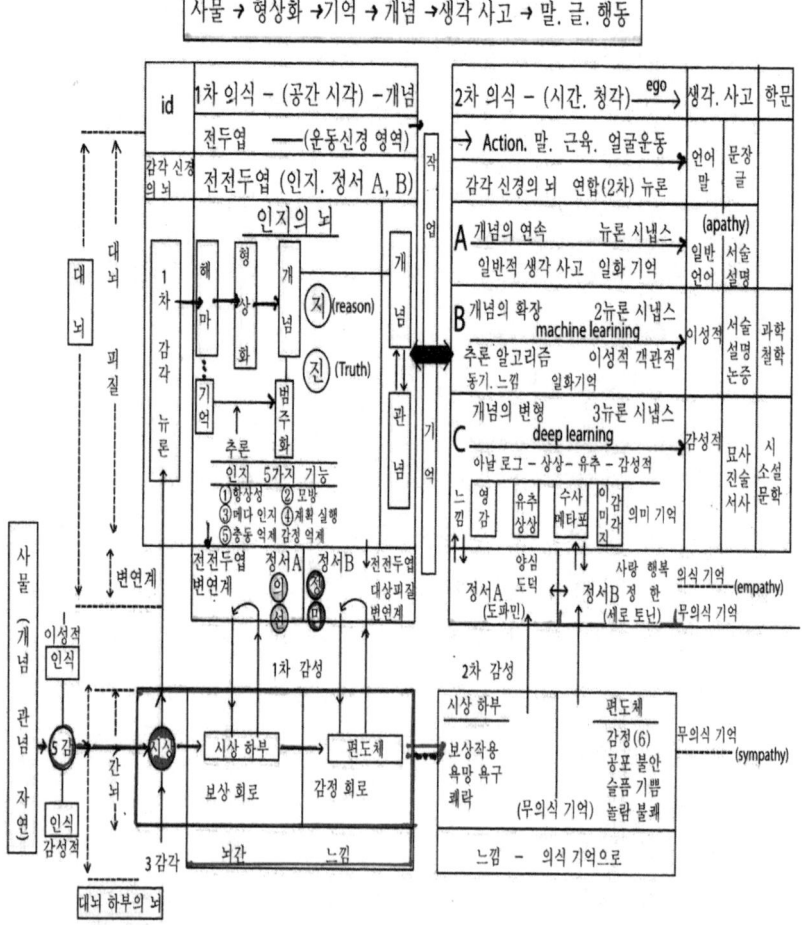

부록

Addendum(부록):
Reference: Articles, Books, Seminar, Lectures
(참고서적, 강연, 세미나)

Ackerman. D. Kabat-Zinn, J., O'Donohue, J & Siegel. D. J. (2006) Mind and Moment: Mindfulness, neuroscience, and the poetry of transformation in everyday life.

American Psychiatric Association(2000). diagnostic and stastical mannual of mental disorders-Text version.(4th edition)

Bird, C, M., Casteli F. Malik: (2004)The impact of extensive medial frontal lobe damage on 'Theory of Mind' and cognition.

Bush. G., Luu, P & Posner, M (2000): Cognitive and emotional influences in the anterior cingualte cortex, Trends in Cognitive Science.

Carter Rita, Susan Aldridge, Martyn Page, Steve Parker: (2015), The Human Brain, text book, DK-London, NY, Melborurne, Munich and Delhi.

Edelman, Gerald: Neuroscience and the world of Mine.

Fellows, L. K. & Farah, M. (2005): Is the anterior cingulate cortex necessary for cognitive control? Brain: A journal of Neurolology

Gazzaniga. M. S (2000): Cerebral specialization and interhemispheric communication: Does the corpus callosum enable the condition? Brain.

Germer, C. K. (2005): Mindfulness: What is it? What does it matter? Mindfulness and Psychotherapy NY. Guilford Press.

Kempermann, G. Gast. D, Gage, F. H. (2002): Neuroplasticity in old age, Annals of Neurology.

Siegel, D. J (2015): The Mindful Brain. Norton Press.

Svoboda, E., McKinnon, M (2006): The functional neuroanatomy of autobiographic memory, Neuropsychologia.

Varela,F,. Thompson E. : the embodied mind: Cognitive science and human experience.

Major medical books and journals

Grey Anatomy: medical school textbook.

Harrison's Internal Medicine: Text book of Internal Medicine.

Neurology: Text book of Neurology.

Archives of Neurology.

Annals of Internal Medicine.

Edelman Gerald: Neuroscience and World of Mine.

Seminars and audioVidio lectures

Moon-Ho Park, Ph. D. Professor :

Series of neuroscience seminar and lecture, Park Ja Se.

Kunkook University Neuroscience Institute

Jang H. Cho, Ph. D Professor:

Series of seminar and lecture in audiovidio lectures

PhD, Gachun University, Columbia University CT-MRI,

University California S.F, Medical school, Mental health Audiovidio series of lectures.

University Stanford, Mental health, Audiovidio series of seminar.

University California Santa Barbara, Mental neurology series of semiar and Lectures.

Choi, Byung-Ho MD, Neuropathology Professor, UCI Medical school retired, Contribution for information, Articles.

Yun, Kyu-ho, MD, FACP: American Board of Internal Medicine, Member of American Society of Neurology, Practice for

46 years and experiences.
Gerald Edelman: 신경과학과 마음의 세계.

저자:

연규호(Kyu Ho Yun, MD FACP), Author

연세의대 졸업, 미국에서 내과, 신경과 수련

내과 전문의(ABIM)

미주, 한국 문인협회, 소설가협회, 펜문학-USA, 회원

장편 「안식처」 외 14편, 단편 소설 다수

미주문학상(22회), 미주펜문학상(5회),

한국소설가협회 해외한국문학상(7회)

제외동포문학상(2회) 미주 크리스찬 문학상(3회)

연세의대 총동창회 공로상(문학-선교 2007년)

미주 장한 연세인상

『뇌신경과학』(증보 보강 출판)

『Brain & Mind』(2018년-문학나무)-1차

『생각하는 뇌 고민하는 마음』(2019년 도서출판 규장)-2차

『뇌신경과학으로 본 마음과 문학의 세계』(2023년 도서출판 도훈-3차

유튜브-세미나: 연규호. (Kyu Ho Yun, MD); 50여 세미나 올림)

연락처: kyuhoyun@gmail.com

저자의 작품 소개:

장편소설: (1)안식처, (2)칼리만탄의 사랑, (3)망상의 담쟁이넝쿨, (4)사랑의 계곡, (5)마야의 눈물(2001), (6)오하이오강의 저녁노을(2002), (7)샤이엔(2003), (8)내가 사랑한 몽골의 여인들(2004), (9)거문도에 핀 동백꽃은(2006), (10)마야의 꿈(2006), (11)아프리카에서 온 편지(2007), (12)내 고향은 소록도(2008), (13)아오소라(2010), (14)샤이엔의 언덕(2011), (15)두만강 다리(2018), (16)투탕카멘의 녹슨 단검(2022)

소설집: (1)이슬에 묻혀 잦아든다 해도(1998), (2)파도에 묻힌 비밀(2013), (3)덕수궁 돌담길(2015), (4)꿈(2016), (5)해부학실습실의 촛불 데모

산문집: 의사 25년 1997(국학자료원).

영어번역 소설: (1)사랑의 계곡(2002), (2)거문도에 핀 동백꽃(2007), (3) 마야의 꿈(2008), (4)소록도(미발표)

서반아어 번역: 마야의 꿈(2008).

뇌 과학 문학이론: (1)뇌와 마음(2017), (2)생각하는 뇌, 고민하는 마음(2018)

유튜브 강의: 뇌와 마음 -뇌 과학과 문학 이론 (14 강좌)

유튜브 세미나: 뇌와 마음 -문학 (32회 세미나).

뇌신경과학 -마음과 문학의 세계(5회)

뇌·신경과학과 양자역학으로 본-
의식과 새 문학

ⓒ 연규호, 2025

지은이_ 연규호

발행인_ 이도훈
펴낸곳_ 파란하늘
초판발행_ 2025년 8월 7일

사무실_ 서울시 서초구 법원로3길 19, 2층 W109호
       (서초동, 양지원빌딩)
전 화_ 02) 595-4621, 010-6722-4621
팩 스_ 050-4227-4621
이메일_ flyhun9@naver.com
홈페이지_ http://dohun.kr

ISBN_ 979-11-94737-34-6 03810
정 가_ 16,000원